CÔTE D'AZUR

INSIDER-TIPP
Deine Abkürzung ins Erleben!

Reisen mit MARCO POLO Insider-Tipps

MARCO POLO TOP-HIGHLIGHTS

CASINO DE MONTE CARLO ★1

Vom Pariser Opernarchitekten: der Prunkbau für Glücksritter in Monte-Carlo (Foto)

➤ S. 44, Monaco & Umgebung

MUSÉE OCÉANOGRAPHIQUE ★2

Traumhaft schönes Aquarium mit wissenschaftlichem Anspruch in Monaco

📷 *Tipp: Von der Dachterrasse auf die Yachten vor Anker zoomen. Näher kommst du nicht ran*

➤ S. 43, Monaco & Umgebung

PROMENADE DES ANGLAIS ★3

Prachtstraße am Meer in Nizza mit Hotelpalästen und Gitarrenspielern zum Abendessen

📷 *Tipp: Bei Sonnenuntergang vorm Negresco sitzen und auf die beleuchteten Hügel im Osten halten*

➤ S. 54, Nizza & Umgebung

MÄRKTE IN NIZZA ★4

Orangenbäumchen, kandierte Früchte, getrocknete Tomaten – auf den Märkten der Altstadt füllen sich die Reisekoffer.

➤ S. 60, Nizza & Umgebung

CAP FERRAT ★5

Nicht verpassen: das Musée Ephrussi de Rothschild und die Klippenwanderung um die Insel

➤ S. 61, Nizza & Umgebung

BOULEVARD DE LA CROISETTE ★6

DIE Meeresstraße in Cannes, direkt neben dem Filmpalast gelegen

📷 *Tipp: Zum Stars-Knipsen beim Filmfestival eine Leiter mitbringen. Du fällst nicht auf – Dutzende Fans machen es genauso*

➤ S. 72, Cannes & Umgebung

GRASSE 7

Die geheimnisvolle Welt der Düfte in der Hauptstadt des Parfums

➤ S. 81, Cannes & Umgebung

SAINT-TROPEZ 8

Auch wenn die Jahre des Glamours vorüber sind: In der Nebensaison ist das ehemalige Fischerdorf noch immer wunderschön.

Tipp: Die schönsten Bilder schießt du von einem Boot aus – am besten frühmorgens, wenn sanftes Licht das Dorf erhellt

➤ S. 91, Die Westliche Küste

GORGES DU VERDON 9

Über Jahrmillionen hat der Verdon eine schwindelerregende, bis zu 700 m tiefe Schlucht in die Felsen gegraben.

Tipp: Zum Fotografieren eine Unterwasserkamera mitbringen. Bei gutem Wetter ist das Wasser glasklar

➤ S. 113, Das Hinterland

TRAIN DES PIGNES 10

Pinienzapfen pflücken verboten, gucken erlaubt: Mit der der Dampflok und in Holzwaggons geht es über steile Hügel von Nizza nach Digne.

➤ S. 111, Das Hinterland

INHALT

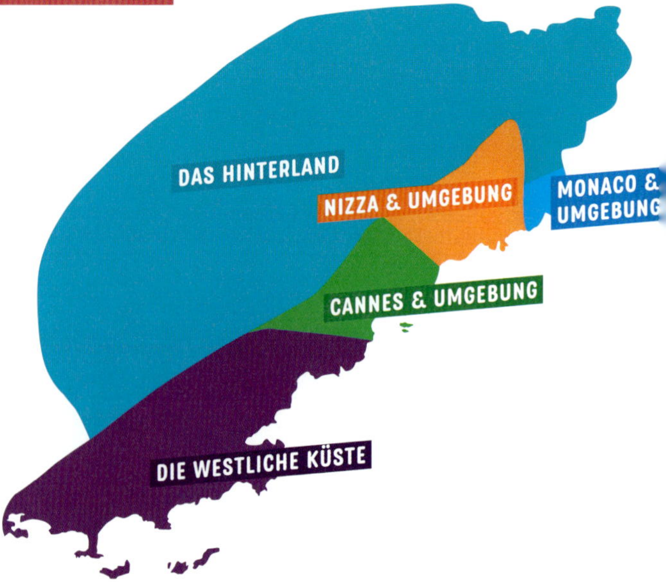

DAS HINTERLAND
NIZZA & UMGEBUNG
MONACO & UMGEBUNG
CANNES & UMGEBUNG
DIE WESTLICHE KÜSTE

Besuch planen
€–€€€ Preiskategorien
(*) Kostenpflichtige Telefonnummer
Essen/Trinken
Shoppen
Ausgehen
Top-Strände

(A2) Herausnehmbare Faltkarte
(0) Außerhalb des Faltkartenausschnitts

BESSER PLANEN MEHR ERLEBEN!

Digitale Extras
go.marcopolo.de/app/cot

DAS BESTE ZUERST

Exotik in Reichweite: Die Strände der Goldinseln liegen nah vor der Küste

BEST OF BEI REGEN

SCHÖN, AUCH WENN ES REGNET

GROSSES KINO

In Frankreich bieten die meisten Kinos schon morgens Filme, und die allermeisten sind untertitelt. Wenn es richtig schüttet, einfach mal einen deutschen oder englischen Film mit französischen Untertiteln angucken.

ENDLOS SHOPPEN

Die 100 Geschäfte und Boutiquen im großen Einkaufszentrum *Nicetoile* in Nizza beschäftigen dich mindestens einen verregneten Nachmittag lang.

➤ S. 59, Nizza & Umgebung

REGENDORF

Ist es nur ein kurzer Schauer, reicht ein Kaffee unter den Arkaden in der Altstadt von *Biot*. Dauert der Regen länger, lass dir im *Café des Arcades* die Kunstsammlung im Gewölbekeller zeigen. Kommt es zum Dauerregen, erlebst du in den Glasbläser-Werkstätten wie aus glühenden Klumpen schöne Stücke entstehen.

➤ S. 64, Nizza & Umgebung

TOLLE FAHRT

Im *Train des Pignes* sind Urlauber bestimmt die entspanntesten Personen: Ansonsten sitzen im Zug Berufspendler. Bei Regen siehst du den Var-Fluss minutenschnell anschwellen und die Gleise beinahe im Wasser versinken.

➤ S. 111, Das Hinterland

ZURÜCK ZU DEN WURZELN

Wie im Flug vergehen die Regenstunden im fantastischen *Musée des Merveilles* (Foto) von Tende. Reise hier Jahrtausende zurück in die Vergangenheit der Côte d'Azur.

➤ S. 109, Das Hinterland

ZUCKRIGE BOMBEN

Hast du schon mal eine gefühlt tonnenschwere Mandarine in der Hand gehabt? Nein? Dann auf zu *Florian*. In ihrer Fertigung in Pont-du-Loup zeigt die Konfiserie, wie Früchte stundenlang im Zuckerbad schwer und süß werden.

➤ S. 31, Shoppen & Stöbern

BEST OF

LOW-BUDGET

FÜR DEN KLEINEN GELDBEUTEL

KULTURELLE SOMMERNÄCHTE

Unbedingt das Programm der *Nuits d'été* besorgen und kostenlos Konzerte, Kabarett, Künste erleben – alles auf heimeligen Marktplätzen von Dörfern im Hinterland. Aber pssstt ... eigentlich sind die Abende für Einheimische gedacht.

MIT DEM BUS INS HINTERLAND

Fast umsonst: In Nizza kostet die einfache *Busfahrt* im Zehnerticket nur 1 Euro. Für 2 Euro kannst du also alle hübschen Hinterlanddörfer erkunden.

➤ S. 60, Nizza & Umgebung

KUNST AUF DER MAUER

Im kleinen, exklusiven *Saint-Paul-de-Vence* (Foto) haben sich die Galerien zusammengeschlossen und zeigen Skulpturen in Gassen und auf Plätzen. Spaziere auf der mittelalterlichen Stadtmauer und genieße dabei Ausblicke auf zeitgenössische Kunst – gratis.

➤ S. 67, Nizza & Umgebung

BETÖRENDE DÜFTE

Möchtest du wissen, wie die großen Nasen arbeiten? Die drei berühmten Parfumfabriken *Fragonard*, *Galimard* und *Molinard* in Grasse öffnen ihre heiligen Hallen gratis für Besucher.

➤ S. 82, Cannes & Umgebung

WELTSTARS KOSTENLOS

Den Sommer über kommen große Musikstars zum *Monte-Carlo Sporting Summer Festival* ins kleine Fürstentum. Die Karten sind teuer, aber am Strand direkt neben dem Konzertsaal feiern und hören alle genauso gut mit.

➤ S. 46, Monaco & Umgebung

FLUSSWÄRTS

Wenn es im Hochsommer am Meer nur Staus und keinen Platz fürs Auto gibt, schlägt die Stunde der Süßwasserbäder. Eins der schönsten Naturbäder, die keinen Eintritt kosten, ist das *Vallon Sourn* am Argens-Fluss beim Biodorf Correns.

➤ S. 117, Das Hinterland

BEST OF

MIT KINDERN

SPANNENDES FÜR GROSS & KLEIN

WÖLFE IN DEN BERGEN BEOBACHTEN

Wer mit Kindern die Berge im Hinterland der Küste ansteuert, sollte unbedingt auch zum *Wolfspark Alpha* im Mercantour-Nationalpark fahren. Mit etwas Glück wurden auch gerade Wolfsbabys geboren. Und im Wald ist es an heißen Tagen schön schattig.

➤ S. 108, Das Hinterland

IMMER SCHÖN IM KREIS HERUMFAHREN

Wenn ihr in Ruhe die Stars bestaunen oder vor den Boutiquen flanieren möchtet, setzt die Kinder doch in eins der herrlich *altmodischen Karussells* direkt an der Croisette.

➤ S. 75, Cannes & Umgebung

GANZ LANGE RUTSCHEN

Wer seine Kinder mal so richtig auspowern und früh ins Bett bringen möchte, bringt sie ins *Aqualand Fréjus*. Wellenbad, Blubberbad und die größte Wasserrutsche Europas müssen hier bestanden werden.

➤ S. 89, Die westliche Küste

GANZ HOCH KLETTERN

Du möchtest gerne wandern, aber die Kinder sperren sich? Dann ab in den *Colmiane Forest*, den Kletterpark im Hinterland der Küste mit verschiedenen Parcours – für die ganz Kleinen (bis 5 Jahre) bis hin zu Fortgeschrittenen. Während die Kinder sich oben in den Baumwipfeln vergnügen, kannst du unten wandern.

➤ S. 34, Sport

FISCHE AUSGIEBIG BESTAUNEN

Das *Musée Océanographique* (Foto) in der Altstadt von Monaco bietet riesige Aquarien – und als Familie können verschiedene Führungen besucht werden. Kinder dürfen dann beispielsweise Schildkröten und Seesterne füttern.

➤ S. 43, Monaco & Umgebung

BEST OF

TYPISCH

DAS ERLEBST DU NUR HIER

DEFILEE DER LUXUSKAROSSEN

Du willst wissen, welche Luxusautos gerade gefragt sind? Spaziere vorm *Casino de Monte Carlo* auf und ab: Dort entsteigt die Klientel Karossen von Lamborghini über Maserati bis Ferrari.

➤ S. 44, Monaco & Umgebung

EIN MUSEUM NUR FÜR MATISSE

Das *Musée Matisse* in Nizza ist eins jener Häuser an der Côte, die sich einem einzigen Künstler widmen. In seinem ehemaligen Wohnhaus erlebst du, wie der Maler sein Werk entwickelt hat.

➤ S. 57, Nizza & Umgebung

GARTENPRACHT

Reiche Zuwanderer entdeckten die Côte d'Azur als Garten. Durch eine der schönsten Parkanlagen kannst du auf der Halbinsel von Cap Ferrat spazieren: Im Park der *Villa von Baronin Ephrussi* (Foto) wirst du mit immer neuen Ausblicken aufs Meer belohnt.

➤ S. 62, Nizza & Umgebung

JUWELEN AUF DEM DORF

Spuren der reichen Vergangenheit findest du in vielen Dörfern im Hinterland. In *Lucéram* etwa beherbergt die *Eglise Sainte-Marguerite* einen kostbaren barocken Kirchenschatz und Meisterwerke der Nizza-Schule, die niemand in dieser tiefen Provinz vermuten würde.

➤ S. 63, Nizza & Umgebung

MORGENS SKI, ABENDS STRAND

Der größte Luxus der Côte d'Azur sind die nahen Alpen. Um dies auszuschöpfen, einmal im Leben morgens mit dem *Schneebus* von Nizza aus rauf in die Berge, auf die Pisten und abends wieder runter zum Apéro an den Strand.

➤ S. 34, Sport

MIT MUSSE SHOPPEN

Hektik ist auf dem *Dienstagsmarkt in Cotignac* nicht angesagt. Schwelge wie die Einheimischen ganz gelassen im reichen Feinschmeckerangebot.

➤ S. 115, Das Hinterland

SO TICKT DIE CÔTE D'AZUR

Klischees werden z. B. in reizenden Hinterlanddörfern wie Valensole geboren

EXPO·OVNI
Château du Grand Jardin
Eglise
Chapelle Saint - Mayeul
Bibliothèque
Déclic Boutique Mercerie
Pharmacie
Tabac - Presse
04 92 74 82 77

ENTDECKE DIE CÔTE D'AZUR

Im Februar kommen? Aber ja, dann feiert das Hinterland der Côte seine prächtigen Mimosen

Am Strand brutzeln, bis die Haut glüht, und wenige Stunden später mit Wanderstiefeln auf einen Zweitausender steigen. Oder im luxuriösen Restaurant am Meer einen Champagner süffeln und kurz darauf in einem abgeschiedenen Bergdorf unter Platanen dösen. Die Côte d'Azur bietet ihren Besuchern schier unbegrenzte Urlaubsmöglichkeiten zwischen Meer und Berggipfeln.

WO HIGHTECH-INGENIEURE UND DUFT-KREATEURE LEBEN

Das milde Mittelmeerklima und die Sonne genießen die 20 000 Menschen, die in den Firmen des Hightechparks Sophia-Antipolis arbeiten, genauso wie die sensiblen Nasen, die sich in Grasse, der Welthauptstadt des Parfums, auf eine 400 Jahre alte Tradition berufen. Oder wie die Millionen von Urlaubern an der Küste, die Frankreich mit schöner Regelmäßigkeit den Titel des Tourismusweltmeisters bescheren.

2800–1300 v. Chr. Felszeichnungen im Vallée des Merveilles belegen die bronzezeitliche Besiedlung

4. Jh. v. Chr. Griechen gründen Nikaia (Nizza) und Antipolis (Antibes)

1789 Nach der Französischen Revolution wird das Fürstentum Monaco als Fort Hercule annektiert

1815 Napoléon landet am 1. März in Golfe-Juan, seine „Herrschaft der Hundert Tage" endet mit der Schlacht von Waterloo

1878 Charles Garnier baut das Spielkasino von Monte-Carlo

STACHELIG, RAU, RUHIG

Wetten, dass du die Küste zwischen Toulon im Westen, Menton im Osten und dem Parc National du Mercantour im Norden noch vor ein paar Jahrzehnten nicht wiedererkannt hättest? Früher nämlich waren die Hänge am Meer nur ein undurchdringliches Gestrüpp aus stacheligen Büschen, die Dörfer grausteinige Trutzburgen. Wahrscheinlich hätten sich Bauern und Fischer damals nicht träumen lassen, dass ihr armseliges Land einmal so viel wert sein würde. Aber dann sprach sich herum, dass die Sonne auch im Winter scheint, das Meer türkisblau schimmert und die heimischen Oliven und Tomaten köstlich sind. Weil Touristen vor allem das Meer und den Strand lieben, hat sich das Hinterland nur wenig verändert: In Dörfern wie Bormes-les Mimosas oder Sainte-Agnès würde sich niemand über einen Pferdewagen wundern. Auf den Marktplätzen spielen die Franzosen auch heute noch Boules und trinken ihren eiskalten Pastis. Es gibt keine hässlichen Neubauten und keine Allerweltsgeschäfte. Wer Saorge im Roya-Tal oder La Garde-Freinet im Massif des Maures aus dem Dornröschenschlaf erweckte, hatte Geld – und Geschmack. *Villages* wie Villecroze sind liebevoll restauriert, alte wie neue Bewohner dekorieren mit Blumen Plätze und Brunnen, schaffen eine Idylle, die von Ruhe geprägt ist.

DOPPELT SONNE TANKEN

Doch die Côte d'Azur ist und bleibt ein Kind der modernen Freizeitgesellschaft. Es zählt nur das Heute, Hier und Jetzt. Blaues Meer, klarer Himmel und vor allem Sonne – 271 Tage im Jahr, fast doppelt so viele wie in Berlin oder Braunschweig. Hyères, Nizza und Cannes waren die ersten internationalen Fremdenverkehrsorte

1944 Befreiung der Côte d'Azur durch die Alliierten

1946 1. Filmfestspiele in Cannes

1969 Baubeginn zum Technologiezentrum Sophia-Antipolis im Hinterland von Antibes

2014 Geburt des Thronfolgers Jacques und seiner Zwillingsschwester Gabriella im Fürstentum Monaco

2018 Zwei Jahre nach dem Lastwagenanschlag von Nizza werden am 14. Juli, dem Nationalfeiertag, auf der Promenade wieder Feuerwerke gezündet überhaupt. Die europäische Aristokratie flüchtete aus dem kalten, tristen Winter in den Süden, nutzte die Côte d'Azur als Spielwiese für ihre verrücktesten Träume und hatte großen Anteil daran, dass sich die Region in einen kunstvollen Garten Eden verwandelte. Die Einheimischen schüttelten noch den Kopf, als der Pariser Botaniker Gustave Thuret 1857 auf dem Cap d'Antibes Palmen, Kakteen, Zypressen und Eukalyptusbäume züchtete. Die exotischen Bäume, wie die aus Australien importierten Mimosenbäume mit ihrer sattgelben Blütenpracht im Spätwinter, gehören heute ebenso zur Côte d'Azur wie das blaue Meer, die tiefgrünen Aleppokiefern und die strahlend gelben Zitronen von Menton.

IM HOCHSOMMER: AUSNAHMEZUSTAND

Das Markenzeichen Côte d'Azur ist in der Belle Epoque zu Beginn des 20. Jhs. entstanden – im Winter. Heute lebt die Côte d'Azur vom Sommertourismus. Im Juli und August herrscht Ausnahmezustand. Alles ist überfüllt: Straßen, Hotels, Campingplätze, die wunderschönen Buchten. Die Preise steigen mit den Temperaturen, ganz selten sind Parkplätze am Meer wie an den berühmten Stränden rund um Saint-Tropez umsonst. Bester Reisetermin: Anfang Oktober. Das Meer ist gerade noch sommerwarm, die meisten Touristen aber schon abgereist.

INSIDER-TIPP
Die Freuden des Herbstes

BIO? NATURELLEMENT!

In der Landwirtschaft hat das große Umdenken eingesetzt. Es sind vor allem Winzer, die auf Chemie verzichten und merken, dass guter Wein in diesem Klima kein Hexenwerk ist. Spektakulärstes Beispiel ist das kleine Dorf Correns. Bürgermeister und Weinbauer Michael Latz hat dabei aus wirtschaftlichen Gründen auf Bio gesetzt. Der biologische Anbau öffnete den Winzern aus dem Hinterland eine Marktnische; sie sind heute stolz auf den Wein, den sie in ganz Europa zu ordentlichen Preisen verkaufen. Das Beispiel machte Schule: Mittlerweile verzichten selbst die Gemüsebauern im Dorf auf Chemie. Die Geschmacksnerven jubilieren: So also können Tomaten und Aprikosen schmecken, wenn die Bauern Vertrauen zur Natur haben.

TIEFE SCHLUCHTEN, WILDE WÖLFE & EIN KÜSTENWANDERWEG

Die Natur als grandioses Schauspiel erleben Neugierige weitab der Küste in den tiefen Schluchten, die Flüsse wie der Verdon, der Var, der Loup und die Roya in die Felsen geschnitten haben. Im Nationalpark des Mercantour sind, nicht einmal zwei Autostunden von der turbulenten Küste und ihren mondänen Stränden entfernt, sogar die Wölfe wieder heimisch geworden. Dieser Reiseführer nimmt dich mit auf den Weg von Menton nach Toulon, immer am Meer entlang. Nicht nur Autofahrer, sondern auch Spaziergänger erwarten herrliche Aussichten. Allein im Département Var sind mehr als 250 km des *sentier littoral,* des Küstenwanderpfads zwischen Bandol und Saint-Raphaël, erschlossen. Pack also die festen Schuhe neben die Badehose und lass dich ein auf die blaue Küste der Kontraste!

AUF EINEN BLICK

5.000.000
Einwohner

So viele wie im Ruhrgebiet, nur schöner

1 EURO

kostet ein Bus- und Tramticket in Nizza im Zehnerpack
München: 2,90 Euro

1 MIA. €
Das teuerste Haus der Welt

steht bei Cap Ferrat und wurde für diese Summe einmal verscherbelt

31.000 km²
Fläche

Ein bisschen kleiner als Baden-Württemberg

TIEFSTE BUCHT VOR VILLEFRANCHE:

500 M

Ankerplatz der größten Kreuzfahrtschiffe

WÄRMSTER MONAT IN NIZZA:

AUGUST
27°C

ABER NUR 18° C UM MITTERNACHT!

BELIEBTESTES KLEIDUNGSSTÜCK

BIKINI

MEHRERE ZEHNTAUSEND WALE UND DELFINE

passieren zwischen April und November die Côte d'Azur – also Augen auf!

60 M

lang ist der rote Teppich bei den Filmfestspielen von Cannes. Er wird dreimal täglich ausgetauscht

BERÜHMTESTE PERSONEN
An der Küste wimmelt es bis heute vor Stars, ganz oben aber stehen noch immer: Fürstin Gracia Patricia alias Grace Kelly & Brigitte Bardot

DIE CÔTE D'AZUR VERSTEHEN

IM TEMPORAUSCH

Die steilste Kurve der Formel-1-Rennen liegt immer noch in Monaco: Unterhalb des Kasinos von Monte-Carlo ist das Nadelöhr, das Rennfahrer bremsen lässt. Im Mai ist der Ministaat mit dem Stadtkurs von 1911 von Rennfans überlaufen. Damit nicht genug: Der Markenname eines der renommiertesten Automobilherstellers der Welt ist an der Côte d'Azur erfunden worden. Der in Nizza lebende Kaufmann Emil Jellinek suchte einen klingenden Namen für die Fahrzeuge der begüterten Herrenfahrer. Und so benannte er die Rennkutschen, die schon zu Beginn des 20. Jhs über die Bergstraßen der südfranzösischen Küste rauschten, nach seiner Tochter Mercedes. Ob sie gefragt wurde, ist nicht bekannt.

INS BISTROT

Eine Karaffe Wein. Karierte Tischdecken. Frisches Ratatouille. Und fertig ist das Bistrot, wie Urlauber es sich wünschen. Seit 1992 werden die „Bistrot de Pays", also die Landgasthöfe, vom Staat subventioniert. Schließlich sind die Lokale in den kleinen Dörfern Kulturgut.

Das Konzept ist einfach und überzeugend: Das Dorf, in dem ein „bistrot" liegt, darf nicht mehr als 2000 Einwohner zählen, der Gasthof muss ei-

„Oh, wie schön!": Der *sentier littoral* bietet hinter jeder Biegung fantastische Ausblicke

ner der letzten Betriebe im Ort und das ganze Jahr über geöffnet sein. Die Wirte servieren regionale Spezialitäten und verkaufen an der Theke bisweilen auch Brot, Zeitungen, Straßenkarten oder Obst und Gemüse zum Teil aus biologischem Anbau. Inzwischen gibt es über hundert Betriebe vor allem im Hinterland von Nizza, in der grünen Provence rund um Cotignac und im Verdon-Tal, die zu Südfrankreichs besten Adressen zählen. Die komplette Liste steht unter *bistrot depays.com* im Internet.

KÜSTENSTOLZ

Ein Haus am Meer ist der Traum vieler Menschen. Dessen hässliche Kehrseite zeigt sich aber auch an der Côte d'Azur: Betonierte Küstenstreifen vor allem zwischen Cannes und Monaco, Privatstrände und architektonische Sünden versperren den freien Blick aufs Meer. Nach den Jahren der Bauwut hat Frankreich die Notbremse gezogen und schon 1975 das „Conservatoire du Littoral" aus der Taufe gehoben, das in der Provence und an der Côte d'Azur mittlerweile mehr als 14 000 ha sowie mehr als 100 km Küste vor Immobilienhaien schützt. So hat die halbstaatliche Schutzgemeinschaft 1989 etwa das von privaten Investoren umworbene Gelände der *Domaine du Rayol* zwischen Bormes-les-Mimosas und der Halbinsel von Saint-Tropez gekauft. Das Küstenkonservatorium engagierte den Landschaftsarchitekten Gilles Clément, der den großzügigen Park in einen botanischen Lehrpfad mit Bäumen, Büschen und Blumen aus der ganzen Welt verwandelte. Der *Conservatoire* verantwortet auch die Küstenwanderwege, *sentier littoral* genannt, die den gesetzlichen Anspruch umsetzen, einen mindestens drei Meter breiten Streifen am Meer für die Öffentlichkeit zugänglich zu halten. Die herrlichsten Wanderwege am Meer entlang gibt es deswegen selbst auf der Halbinsel von Cap d'Antibes oder am Cap Martin bei Monaco, aber auch auf der Halbinsel von Saint-Tropez. Nur durch den Vorgarten von Brigitte Bardot dürfen Fußgänger nicht stapfen; ihr Grundstück genießt Bestandsschutz.

GIPFELTREFFEN

Auch wenn die Nostalgiker beharrlich von der schönen alten Zeit träumen, in der angeblich alles besser war: Cannes ist und bleibt das wichtigste Filmfestival in ganz Europa. Die „Goldene Palme", die seit 1946 an der Croisette verliehen wird, verschafft im Mai Stars und Sternchen aus der ganzen Welt ein großes Rendezvous. Und das neugierige Publikum drängt sich weiter um die gigantische, mit einem roten Teppich versehene Treppe zum Hauptschauplatz, dem Festspielhaus, um einen Blick auf die Berühmtheiten zu werfen.

WILLKOMMENSKULTUR

Wusstest du, dass an der Côte d'Azur eigentlich nur sperriges Gestrüpp und zwergige Eichenbäume heimisch sind? Alles andere – die stattlichen Dattelpalmen, die knorrigen Oliven- und die vielen duftenden Zitrusbäume – wurde in den vergangenen Jahrhunderten aus noch südlicheren

Halt die Augen auf: In Cannes stolperst du an jeder Ecke über Größen der Filmbranche

Ländern eingeführt. Und heute zieren die Palmen jede Strandpromenade und Orangen- und Zitronenbäume die Gärten. Die bitteren Sorten wachsen sogar in den Einkaufszonen – obwohl dort üblicherweise nur Deko-Pflanzen stehen. Wer davon nascht, dem wird sich im Mund alles zusammenziehen – genauso wie bei den Oliven, die, roh vom Baum, unfassbar bitter schmecken. Aber das Öl – welch ein Genuss! Die kleinen schwarzen Früchte fallen kiloweise von den Bäumen in Nizza. Olivenbäume sind fantastisch. Sie können bis zu tausend Jahre alt werden. Und sie sind beeindruckende Überlebenskünstler: Wer den Stamm auf einem Meter Höhe absägt, wird im kommenden Jahr viele neue Äste vorfinden. Selbst Bäume, die bei der legendär gewordenen Kältewelle im Winter 1985 überirdisch abfroren, lebten durch Bodentriebe wieder auf. Kein Wunder, dass die Oliven die Südfranzosen ernährten. Über viele Jahrhunderte haben die Menschen an der Küste und in den Dörfern im Umland von dem „schwarzen Gold", wie es dort genannt wird, gelebt.

GRÖSSENWAHN

Wo Geld sitzt, ist die Megalomanie nicht weit: Die Côte d'Azur baut weiter an einem Shoppingimperium, das sich gewaschen hat. *Cap3000* in Nizza hat nun neue Nachbarn mit der *Polygone Riviera* in Cagnes-sur-Mer, und Cannes schraubt ebenfalls schon an der nächsten Mall. Auch wenn in

Cagnes vor allem internationale Marken ausstellen: Die Springbrunnen und Palmen bringen Südseeflair in den überdimensionalen Schaufensterbummel. All die modernen Einkaufszentren sind aber vergleichsweise harmlos gegen das, was frühere Stadtchefs planten: Zum Beispiel die künstliche, dreistöckige Insel vor Cannes. Eine Pyramide von 9 ha sollte direkt vor der Croisette aus dem Wasser ragen und 600 Hotelbetten, drei Schwimmbäder und 8000 Kinoplätze beherbergen. Die Insel sollte versetzbar sein, mal vor dem westlichen Altstadthügel ankern, mal am östlichen Ende der Croisette. Zu den Zeiten, als der später international gesuchte Jacques Médecin noch Oberbürgermeister von Nizza war, sprudelten die

KLISCHEE KISTE

PROTZ MUSS SEIN

In Wohlfühlsandalen nach Cannes? Da fühlt sich manche Touristin unwohl – zwischen all den hochhackigen, perfekt gestylten Frauen im Minirock am Luxusschlitten. Aber die Croisette ist auch der protzigste Ort der Küste. Da wird sehr auf dicke Hose gemacht. Selbst wenn die Stilettos vom Flohmarkt sind. Und überhaupt: Wer in die Gassen von Nizza und Antibes eintaucht, in Bergdörfern lustwandelt oder im Strandkleid das Meer bewundert, macht nichts falsch. Auch nicht mit ausgelatschten Gesundheitsschuhen. Nur die weißen Socken bleiben besser zu Hause. Darüber lacht nämlich jeder Franzose, ob im Dorf oder an der Croisette.

GRANTIGE SÜDFRANZOSEN

Grantig sind die meisten Menschen an der Côte d'Azur. Viel schlimmer als die Nordfranzosen, die berühmten *ch'tis.* Freundschaften kann man auch keine schließen, weil alles so oberflächlich ist. Sagen die Südfranzosen. Über sich selbst. Obwohl die Menschen zwischen Menton und Toulon tatsächlich genauso freundlich oder gruselig sind wie z. B. in Lille. Was die Freundschaften angeht: Das dauert tatsächlich eine Weile. Und da schließen sich dann oft die *cht'is* mit den *cht'is* und die Ureinwohner mit den Ureinwohnern zusammen.

verrückten Ideen nur so aus dem Rathaus. Médecin wollte den Verkehr von der Meerespromenade auf eine Schnellstraße ins Meer verlegen. Rund 50 m von der Küste entfernt sollten die Autos fahren und so den Strand zu einer Lagune mit Aussicht auf eine Autobahn machen. Zum Glück wurde weder aus der Cannes-Insel noch aus der Meeresautobahn vor Nizzas Promenade etwas.

MEHR GRÖSSENWAHN

An der Mittelmeerküste hat Frankreichs berühmter Feldherr sämtliche Höhen und Tiefen seiner Karriere erlebt. Die ersten Lorbeeren erntete der damals 24-Jährige Napoléon bei der Belagerung von Toulon im Jahr 1793 und der Befreiung der Stadt von den englischen Besatzern; ein Jahr später war er als General in Nizza stationiert. Von dort startete der Korse 1796 seinen Italienfeldzug, 1799 landete er nach der Ägyptenexpedition in Saint-Raphaël. 15 Jahre später ging der General von diesem Hafen aus ins Exil nach Elba. Aber schon zehn Monate später kehrte er zurück nach Golfe-Juan und feierte auf der heutigen Route Napoléon über die Alpen die triumphale Rückkehr nach Paris.

DUFTBOMBEN

Bitterorangen, Jasmin, Lavendel, Rosen und Veilchen – das ist der Fünfklang für die Welt der Düfte und Aromen, die in Grasse ihre Hauptstadt gefunden hat. Die Zitrusfrüchte kommen von der Küste, die Kräuter aus den Bergen, die Veilchen aus Tourrettes-sur-Loup, Jasmin und Rosen aus Grasse, seit dem 16. Jh. das Zentrum der Parfumindustrie. Patrick Süskind machte Grasse zum Schauplatz für seinen Roman-Bestseller „Das Parfüm". Das Geschäft mit Aromen und Düften für Lebensmittel und Kosmetik macht heute die Hälfte des Umsatzes der gut 30 Firmen von der Manufaktur bis zum Großbetrieb in und um Grasse aus.

P WIE PROMINENZ

Paparazzi, Promis, Popstars und Pudel – so viele Ps tummeln sich im Sommer an der Küste. Je teurer, desto mehr Berühmtheiten. Wer also Madonna, Paris Hilton, Adele und Jayzee mit Riesensonnenbrille und obligatorischem Minihund beobachten will, muss nach Cap Ferrat oder Saint-Tropez fahren. Dort sitzen sie in den Restaurants oder verstecken sich hinter meterhohen Mauern und uniformierten Wachleuten. Oder sie profitieren wie Autorennfahrer und Tennisprofis vom Steuerparadies Monaco. Es geht noch an, dass Stars wie Leonardo di Caprio oder Bono mit der Yacht zum Strandrestaurant von Pampelonne schippern, aber wenn Jean-Pierre Tuveri, Bürgermeister von Saint-Tropez, im Sommer 30 000 Hubschrauber-Shuttleflüge allein über seinem Gebiet zählt, wird Prominenz zum lärmenden Handicap für scheinbar idyllische Orte.

MEISTERHAFTES

Louis Bréa begründete die Schule von Nizza im 15. Jh., aber der Ruhm des Malers beschränkte sich lange auf seine Heimatregion. Erst jetzt werden die

Hochsaison in Saint-Tropez ist, wenn man vor lauter Yachten den Hafen nicht mehr sieht

Kirchenbilder der Barockkünstler wieder entdeckt und geschätzt. Werke von Louis Bréa, seinem Bruder Antoine oder seinem Neffen François sind in Nizza (Kloster Cimiez), Sospel (Saint-Michel), La Brigue (Saint-Martin), Coursegoules (Sainte-Marie-Madeleine) oder Lucéram (Sainte-Marguerite) zu sehen.

Doch die Kunstszene an der Côte d'Azur ruht sich nicht auf den Lorbeeren der Ahnen aus. Mit dem „Neuen Realismus" erkunden Yves Klein und Arman, beide in Nizza geboren, zusammen mit Martial Raysse, der aus Golfe-Juan stammt, die Grenzen der zeitgenössischen Kunst. Aus der modernen Schule von Nizza, zu der außer Niki de Saint Phalle auch Daniel Spoerri gehörte, entwickeln Ben Vautier oder Claude Viallat neue Ansätze zur Konzeptkunst.

RESSOURCEN SCHONEN? NEIN, DANKE!

Rat mal, was das Teuerste an einer Yacht ist? Nein, nicht die Crew und auch nicht das glänzende Chrom an Deck, es ist schlicht und einfach das Benzin. So kostet eine kurze Schipperrunde zwischen Nizza und dem nur 20 km entfernten Monaco die unglaubliche – und klimaschädliche – Menge von 200 l Benzin für ein mittelgroßes Boot. Das lässt erahnen, wie viel Geld die Besitzer tatsächlich in ihr Boot stecken. Die größten Privatyachten werfen den Anker vor Saint-Tropez oder Monaco. Wenn sie dürfen. Denn häufig müssen selbst Milliardäre jahrelang auf einen Anlegeplatz an der Côte d'Azur warten. Dafür können sie auf dem benachbarten Luxusliner Paris Hilton, Heidi Klum oder einem saudi-arabischen König mit dem Champagnerglas zuprosten.

ESSEN SHOPPEN SPORT

Blumig, herb oder lieber holzig? Für die Duftshops von Grasse brauchst du Zeit

TILLEUL
CÉDRAT

ESSEN & TRINKEN

Dolce Vita oder leben wie Gott in Frankreich? An der Côte d'Azur isst man einfach beides: Das Leckerste aus Italien, gut gemischt mit südfranzösischen Spezialitäten. Alles ist hier einen Tick feiner als die bodenständige deutsche Küche: Die kleinen Törtchen, die Gemüsetürmchen und natürlich der Tintenfischsalat und das Gemüseratatouille.

DAS DUFTET!

Die Küche an der Côte d'Azur ist einfach, leicht und gesund. Es gibt Gemüse in allen Variationen, Fische und Meeresfrüchte, eine unglaubliche Vielfalt an Gewürzkräutern von Thymian und Rosmarin über Minze, Salbei und Basilikum bis zu Fenchel und Lorbeer. Dazu kommen Lammfleisch aus dem Hochland, Käse von Ziegen und Schafen, die exotischsten Früchte und als Krönung sehr guter Wein aus heimischem Anbau.

DIREKT VOM ERZEUGER

Das Land bietet fast alles in bester Frische: Im Norden des Départements Var, in Aups, gibt es im Winter einen der wichtigsten Trüffelmärkte Südfrankreichs. Zwischen Toulon und Menton entdecken immer mehr Landwirte den biologischen Anbau und verzichten auf die Chemiekeule. Das kleine Dorf Correns im Hinterland des Var hat innerhalb kurzer Zeit praktisch seine gesamte Wein-, Gemüse- und Obstproduktion umgestellt. Die Produkte der zum großen Teil relativ kleinen Höfe werden oft auf speziellen Märkten, den *marchés paysans,* verkauft und von den guten Restaurants verwertet.

OHNE CHICHI

Trotz Fastfood, das vor allem in den größeren Städten immer mehr jugendliche Anhänger findet, hat kaum eine Region Frankreichs so viele Sterneköche wie die Côte d'Azur. „Einfach-

Kost von der Küste: Ratatouille (li.) und Barbajuans (re.), Monacos gefüllte Teigtaschen

heit und Luxus, das sind die Prinzipien der provenzalischen Küche", sagt Alain Ducasse, der vom Restaurant Le Louis XV. im Hôtel de Paris in Monaco aus ein Imperium von Spitzenrestaurants aufgebaut hat. Ducasse ist ein Schüler von Roger Vergé, der als Vater der *cuisine du sud,* der Küche des Südens, gilt. Die großen Kochkünstler bleiben bei einfachen Grundrezepten. Von der Sonne verwöhnte Tomaten und Zucchini brauchen nur einen Hauch frischer Kräuter und ein wenig Olivenöl, um ihren ganzen Geschmack zu entfalten. Gemüse, Fisch, Olivenöl, Knoblauch und – in Maßen – ein guter Wein sorgen dafür, dass die Menschen im Süden die höchste Lebenserwartung in Frankreich haben.

GENUSS FÜR KLEINES GELD

Auch Besucher mit kleinem Budget müssen auf kulinarische Genüsse nicht verzichten: Gute regionale Küche zu vernünftigen Preisen ist überall zu finden, an der Küste wie in den kleinen Dörfern im Hinterland. Dazu eignet sich am besten das *plat du jour,* ein Tagesgricht. Viele Restaurants bieten die übliche, etwas abgenutzte Karte mit Entrecôte und Fritten oder Kalbsschnitzel mit Reis. Aber das Tagesgericht, das wird noch richtig frisch gekocht, und selbst in einfachen Landgasthöfen gibt es dann Rosmarin-Lamm oder mit Mangold gefüllte, hausgemachte Ravioli.

TRADITIONELL FLEISCHLASTIG

Die Franzosen sind zwar große Köche, in Bezug auf biologische, vegane oder vegetarische Küche haben sie aber ein paar Jahre Verspätung. Noch heute glauben sie, Fleisch gehöre zu jedem richtigen Essen. Trotzdem: Auch hier fangen die Menschen an, auf Fleisch oder ganz auf tierische Lebensmittel verzichten zu wollen. Vegane Restau-

Kleines Gebiet, klasse Wein: ein *Bellet* aus dem Norden von Nizza

rants gesellen sich zu den allgegenwärtigen Metzgern. Etwa das *Vegan Gorilla* in Nizza oder *The Green Burger Factory* in Antibes. Meistens sind sie auch noch bio und lokal dazu – und niemand vermisst die ansonsten fast schon obligatorische Lammhaxe.

MAHL KLEIN, MAHL GROSS

Zum Frühstück *(petit déjeuner)* essen die Franzosen ohnehin keine Wurst. Stattdessen gibt es ein karges Mahl: Einen Kaffee, eventuell mit Milch, dazu Weißbrot, Butter und Konfitüre, manchmal gibt es ein Croissant. Achte beim Kauf auf ein „Baguette Tradition": Das darf weder tiefgekühlt worden sein noch Zusatzstoffe enthalten – anders als „normale" Baguettes.

INSIDER-TIPP
Brot – ganz pur!

Beim Mittagessen *(déjeuner)* zwischen 12 und 14 Uhr aber werden gleich drei Gänge aufgefahren. Das Menü mit der Vorspeise *(hors d'œuvre)*, dem Hauptgang *(plat de résistance)* mit Fleisch *(viande)*, Fisch *(poisson)* oder Geflügel *(volaille)* sowie dem Dessert ist auch heute noch wichtig. Aber in den normalen Restaurants wird niemand mehr schief angesehen, der wegen der Sommerhitze nur einen großen Teller Salat essen möchte oder sich auf das günstige Tagesgericht beschränkt.

Abends, zum *dîner* oder *souper* (selten vor 20 Uhr), entfaltet die Küche der Côte d'Azur ihre ganze Pracht. Zwei Stunden solltest du mindestens rechnen, um ein Menü vom *amuse-gueule* (Appetithäppchen) bis zur *zeste de citron* (der Zitronenschale auf dem Dessertteller) durchzukosten.

BROT, WASSER, WEIN

Selbst in Spitzenrestaurants gehört zum Gedeck der Gratiskorb mit Weißbrot ebenso wie die Karaffe mit Wasser. An der Côte d'Azur ist es üblich, dass für einen Tisch eine gemeinsame Rechnung ausgestellt wird.

Viele Restaurants haben inzwischen einen Keller mit einheimischen Weinen angelegt. Die Tropfen von Bellet im Norden von Nizza, mit rund 700 ha eins der kleinsten Anbaugebiete, haben schon seit 1941 die kontrollierte Herkunftsbezeichnung AOC, die 2011 europaweit in AOP *(Appellation d'Origine Protégée)* umgetauft wurde. Winzer wie die Familie de Charnacé auf Château de Bellet erzeugen ihre Rotweine mit den alten Rebsorten Folle Noire oder Braquet.

Unsere Empfehlung heute

Vorspeisen

FLEURS DE COURGETTE
mit Gemüse, Käse oder Fleisch gefüllte Zucchiniblüten

PETITS FARCIS
mit einer feinen Mischung gefüllte Gemüse, z. B. Zucchini, Tomaten oder Auberginen

BAGNA CAUDA (SAUCE CHAUDE)
Rohkostgemüse, das in eine warme Sauce *(bagna cauda)* aus Knoblauch, Anchovis und Olivenöl gedippt wird

Hauptgerichte

AÏOLI
Knoblauchmayonnaise mit gekochtem Stockfisch *(morue)*, hart gekochten Eiern und gekochten Karotten *(carottes)*, Kartoffeln *(pommes de terre)*, evt. grünen Bohnen *(haricots verts)*

BOUILLABAISSE
Fischsuppe mit Drachenkopf *(rascasse)*, Knurrhahn *(grondin)* und Seeaal *(congre)*

SALADE NIÇOISE
bunter Salat mit Thunfisch, schwarzen Oliven, hart gekochten Eiern und Sardellen in Olivenöl

RATATOUILLE
Gemüseeintopf aus Auberginen, Paprika, Tomaten, Zwiebeln und Zucchini, in Olivenöl mit Knoblauch und Kräutern gedünstet

Auf die Hand

PAN BAGNAT
in Olivenöl gebackenes Weißbrot, garniert mit Salatblättern, rohen Zwiebeln, Tomaten, Sardellen, schwarzen Oliven und gekochtem Ei

SOCCA
in großen Pfannen gebackener Fladen aus Kichererbsenmehl

PISSALADIÈRE
dünner Zwiebelkuchen mit Oliven und Anchovis

Desserts

TOURTA DE BLEA
süßer Kuchen aus gehackten Mangoldblättern *(blettes)* mit Pinienkernen und Rosinen

ÎLE FLOTTANTE
eine Insel aus süßem Eischnee auf Vanillesauce

SHOPPEN & STÖBERN

Die Côte d'Azur ist ein Einkaufsparadies. Jener Hauch von Luxus, der seit über einem Jahrhundert durch die Städte und Dörfer am Meer weht, ist in der ganzen Welt bekannt: Kein Wunder also, dass in den Boutiquen an der Küste nahezu alle internationalen Nobelmarken vertreten sind. Aber die Küste besitzt auch ihre ureigenen Spezialitäten, die sich wie etwa das eigene Parfum aus Grasse wunderbar als Reisemitbringsel eignen.

FÜR TISCH UND TAFEL

Klassisch schön, ohne Schnickschnack produzieren die rund ein Dutzend Fayence-Werkstätten in Moustiers-Sainte-Marie *(moustiers.eu)* am Ausgang der Verdon-Schlucht ihre Teller und Tassen. Das alte Handwerk erlebt eine Renaissance, weil es zum guten Ton gehört, provenzalische Speisen auf provenzalischem Geschirr zu servieren.

GLASKLARE SACHEN

Biot ist das südfranzösische Zentrum der Glaskunst. In dem Dorf sind acht Künstlerwerkstätten angesiedelt, die inzwischen Weltruf genießen. Zu den größten und ältesten gehört *La Verrerie de Biot (Chemin des Combes | verreriebiot.com)*, außergewöhnliche Gläser und Objekte schafft der Italiener Raphaël Farinelli: *La Verrerie Farinelli (465, Route de la Mer | farinelli.fr)*.

SICH LOKAL EINDECKEN

Achtung: Gemeint sind nicht die Obst- und Gemüsestände, die in den Tourizonen spanische Gewächshausgurken verticken. Sondern der *marché paysan* oder *marché producteur*, der endlich wieder in allen Orten auftritt und auf dem neben heimischem Gemüse auch Lammwollpullis, Ledersandalen und handgetöpferte Schalen verkauft werden. Alles lokal produziert – und daher garantiert keine Touristenfalle.

Zum Mitnehmen: Karaffen aus Biot (li.), gezuckerte Eisenkrautsplitter aus Pont-du-Loup (re.)

FÜR BADENIXEN

Welches Outfit ist an der Côte d'Azur am wichtigsten? Natürlich der Bikini! Auch deshalb fertigen zwischen Saint-Tropez und Menton neue Designerinnen das kleine Textil. Zum Beispiel *Kiwi* mit seinen fantasievollen Aufdrucken (Wassermelonen, Badenixen) oder *Val d'Azur*, die Marke einer Deutschen, die an der Küste aufgewachsen ist, in vielen Shops, die so golden und spleenig schillern, dass einem die Augen schmerzen …

SÜSSE VERSUCHUNGEN

Im Land, wo die Zitronen und Orangen blühen, gibt es Rohstoffe für die besten Süßigkeiten im Überfluss. Ein Muss sind die hausgemachten Konfitüren der *Maison Herbin (2, Rue du Vieux Collège | confitures-herbin.com)* in Menton, ebenso die kandierten Früchte der *Maison Auer (7, Rue Saint-François de Paule | maison-auer.com)* in Nizza und die Veilchenblüten im Zuckermantel der *Confiserie Florian* in der Filiale von Nizza *(14, Quai Papacino)* oder in Pont-du-Loup (s. S. 120), wo du dabei zuschauen kannst, wie aus Blüten und Früchten Süßigkeiten werden.

INSIDER-TIPP
Obst im Zuckerbad

VIEL SONNE + REGEN = WEIN

Die Côte d'Azur und ihr Hinterland sind wie geschaffen für trockene und gehaltvolle Weine. Wem die Reise von einem Weingut zum anderen zu umständlich ist, der wird in Gemeinschaftskellern gut bedient. Die *Maison des Vins (maison-des-vins.fr)* in Les Arcs z. B. ist so etwas wie die Botschaft der Weine aus dem kontrollierten Herkunftsgebiet *Côtes de Provence*. Eine Rarität sind die *Bellet*-Weine *(vindebellet.com)* im Hinterland von Nizza, die auf gerade mal 50 h angebaut werden.

SPORT

Reißende Flüsse, die durch tiefe Täler fließen, schroffes Hochgebirge mit ewigem Schnee, Meer, Inseln, menschenleere Landschaften und Golfplätze mit Blick auf blaues Wasser: Die Côte d'Azur und ihr Hinterland sind ein Paradies, um alle denkbaren Sportarten zu betreiben.

Amateure und Profis, leidenschaftliche Wassersportler, naturliebende Wanderer und ehrgeizige Bergsteiger, begeisterte Golfer oder Taucher: Alle kommen hier auf ihre Kosten. Den besten Überblick über Sportaktivitäten an der Küste und im Hinterland geben die regionalen Tourismuskomitees in Nizza, auf Französisch und Englisch unter *cotedazur-tourisme.com* und *tourismepaca.fr*.

CANYONING

Schwimmen, Laufen, Springen, Abseilen, Klettern und sogar Tauchen: All diese Betätigungen verbindet diese vielseitige Sportart. Eine Gruppe Abenteuerlustiger hangelt sich durch Schluchten, überwindet Berge und durchquert Bäche. Die Touren können eine Stunde oder aber mehrere Tage dauern. Das Hinterland der Côte d'Azur bietet dafür die besten Voraussetzungen. Klassiker sind die Touren in den Schluchten des Verdon oder im Tal der Roya. Für Anfänger und Fortgeschrittene ist das Tal des Estéron bei Aiglun mit der *Clue des Mujouls*, der *Clue de Saint-Auban* und der *Clue d'Aiglun* als Krönung empfehlenswert. Infos zum Canyoning im Verdon-Gebiet hat die *Maison des Alpes de Haute-Provence* (s. S. 136). Tourenvorschläge bietet die französische Broschüre *Descente de Canyons dans les Alpes de Haute Provence* von B. Gorgeon. Für das Département Alpes-Maritimes informiert der *Conseil Général 06 (Nizza | randoxygene.org)*, der den

Wechsle doch mal die Perspektive und schau die Verdon-Schlucht von unten an – im Kanu

Tourenführer *Clues et Canyons* herausgibt.

KAJAK & KANU

Der Ausgang der Verdon-Schlucht ist ein sicheres Revier für Kajakfahrer und Kanuten, auch für Kinder. Dort mündet die Schlucht in den Lac de Sainte-Croix und es gibt es eine Reihe von Verleihern *(April–Okt. | ab ca. 10 €/ Std. | z. B. Base nautique l'Etoile | Pont du Galetas | Moustiers-Sainte-Marie oder Base nautique Cadeno-Plage | Route du lac | Saint Saturnin).* Mit dem Boot geht es etwa 3–4 km in die Schlucht hinein oder über den See. Auch Stand-up-Paddle-Boards werden dort vermietet.

KLETTERN

Für Extremkletterer in Europa sind die Schluchten des Verdon das Maß aller Dinge. Knapp tausend Strecken aller Schwierigkeitsgrade sind in den grauen und gelben Kalkfelsen eingerichtet. Kultstatus genießt die *Falaise de l'Escalès*, eine 300 m hohe, senkrechte Wand ohne einen einzigen Felsvorsprung zum Ausruhen. Für Anfänger und Fortgeschrittene bieten sich die Sandsteinfelsen von *Annot* oder die roten Wände bei *Roquebrune-sur-Argens* an. Einen Vorgeschmack aufs Hochgebirge geben die Felswände im oberen *Tal des Var*. Infos über den Verdon gibt es bei der *Maison des Alpes de Haute-Provence* (s. S. 136), für die Südalpen beim *Comité Régional du Tourisme Riviera – Côte d'Azur* (s. S. 136).

Auf den *Vie Ferrate*, den z. T. mit eisernen Stufen, Geländern und Haltegriffen ausgestatteten Klettersteigen, lässt sich Alpinismus, Klettern und Wandern miteinander verbinden. Ohne großes Training, aber mit professioneller Ausrüstung klettern Schwindelfreie sicher steile Felsen hoch, hangeln sich über einen *Pont de Singe*, eine Affenbrücke, über Schluchten. Es empfiehlt sich, für die erste Tour einen Führer zu engagieren. Die *Via Ferrata du Baou de la Frema (colmiane.com)* in Colmiane-Valdeblore ist für Einsteiger ideal. Kinder finden in der Nähe den *Colmiane Forest (Juni, Sept. Sa/So 10–16, Juli/Aug. tgl. 9.30–16.30 Uhr | Tel. 04 93 23 25 90 | short.travel/cot10)*, einen Abenteuerwald mit lauter verschiedenen Übungen zum Klettern. Für jüngere Kinder ab 5 Jahren gibt es einen speziellen Parcours *(10 Euro)*. Die *Via Ferrata des Comtes Lascaris* in Tende führt zu den historischen Wurzeln des Bergdorfs an der Grenze zu Italien. Neu eingerichtet sind die Kletterwege in Peille und Puget-Théniers. Infos bei den lokalen Fremdenverkehrsämtern oder beim *Comité Régional du Tourisme Riviera – Côte d'Azur* (s. S. 136).

SEGELN, STAND-UP-PADDLING & SURFEN

An der Küste liegen sieben Häfen mit mehr als tausend Anlegeplätzen: Hyères, La Londe, Le Lavandou, Saint-Raphaël, Cannes, Saint-Laurent-du-Var und Antibes. Informationen gibt es bei der *Fédération Française de Voile (17, Rue Henri Bocquillon | Paris | ffvoile.fr)* oder beim Verband der *Stations Nautiques (17, Rue Henri Bocquillon | Paris | station-nautique.com)*. Freunde von Stand-up-Paddling finden ihr Paradies zum Beispiel an der *Plage Du Mouré Rouge (Miete für Brett und Paddel 12 Euro/Std. | cannesstand uppaddle.fr)* in Cannes. Eine Übersicht weiterer Paddelorte an der Côte d'Azur, etwa Théoule-sur-Mer oder Saint-Laurent-du-Var, liefert *Yumping (yumping.fr/paddle-surf/alpes-maritimes)*.

SEILRUTSCHEN

Du träumst vom Fliegen? Dass die Wangen schlackern und der Magen hüpft? In La Colmiane, eine gute Stunde nördlich von Nizza, gibt es Frankreichs längste *Seilrutsche (Tel. 06 85 72 62 47 | colmiane.com)*. Man bekommt einen Hüftgurt, der ins Seil eingeklinkt wird, und saust dann daran herunter – 2,5 km lang, und mutige Nutzer rutschen mit bis zu 130 km/h. Bei so einem Spaß muss natürlich reserviert und viel bezahlt werden: 35 Euro pro Person.

INSIDER-TIPP
Nicht mal Fliegen ist schöner!

SKIFAHREN

Skifahren an der Côte d'Azur? Echt jetzt? Ja, doch, das ist wahr. So wahr, dass sogar viele Schulen an ihren freien Mittwochen mit dem Bus zu den weißen Pisten der Seealpen (*cotedazur-neige.com)* fahren. Es gibt 15 sehr unterschiedlich große Skigebiete mit alpinen Pisten, z. T. auch Langlaufpisten. Fast überall wird auch Skischulbetrieb geboten, v. a. für Kinder. Von November bis April bringt dich der *Schneebus* für vier Euro vom Busbahnhof in Nizza in kleinere Skiorte wie Valberg, oder in größere wie Auron und das etwas zugebaute Isola 2000. Wer den letzten Bus zurücknimmt, kann immer noch abends am Strand einen Apéro trinken. Kein Scherz!

INSIDER-TIPP
Schneeketten sparen

TAUCHEN & SCHNORCHELN

Felsenküste, klares Wasser und der Fischreichtum der Côte d'Azur locken Taucher und Schnorchler an: Vor der kleinen Insel Port-Cros ist ein *Unterwasserweg für Schnorchler (Bureau d'Informations du Parc | Port-Cros | Tel. 04 94 01 40 72)* angelegt.

Wer tiefer hinunter möchte, ist zum Beispiel an den felsigen Küsten der Halbinsel Giens, der Halbinsel von Saint-Tropez sowie vor La Napoule und Cannes, aber vor allem in Saint-Raphaël gut aufgehoben. Vor der Esterel-Küste liegen Dutzende interessanter Schiffs- und Flugzeugwracks auf dem Meeresgrund, manche nicht einmal 20 m unterm Wasserspiegel. Informationen über die knapp 140 lokalen Tauchclubs bekommst du bei der *Fédération Française d'Etudes et de Sports Sous-Marins (ffessm.fr)*. Deutsche Infos gibt es unter *europeandiving.com*.

WANDERN

Die alten Zöllnerpfade erleben inzwischen als *Wanderwege (sentier littoral)* (s. S. 19) eine Renaissance. Tipps und Karten findest du in den lokalen Tourismusbüros oder beim französischen Wanderverband *Fédération Française de la Randonnée Pédestre (ffrandonnee.fr)*. Tipps für Touren im Département Alpes-Maritimes wie z. B. der knapp 10 km lange, in 5 Stunden locker zu schaffende *sentier planétaire (Planetenweg)* in Valberg mit 300 m Höhenunterschied und Planetenskulpturen von Sonne bis Neptun gibt es unter *randoxygene.org* im Internet.

Für einen sensationellen Blick auf den Verdon kannst du Felsen erklimmen

DIE REGIONEN IM ÜBERBLICK

Stura di Demonte
Gesso
ITALIA
Die heimliche
Hauptstadt hat alles:
Flair, Geschichte,
Märkte, Strand
Tinée
Var
Estéron
NIZZA &
UMGEBUNG S. 50
MONACO &
UMGEBUNG S. 38
Monte-Carlo
Mondän, mondäner,
Monaco: Die
luxuriösesten
Hochhäuser der Welt
Nizza
Baie
des Anges
Antibes
Cannes
Die Croisette, klaro!
Aber auch:
Mönchsinseln &
eine lauschige Altstadt
Mer
Méditerranée

MONACO & UMGEBUNG

OASE FÜR MILLIONÄRE

Der Zwergstaat der Grimaldi-Fürsten hat sich zu einem Wirtschaftsriesen entwickelt. Das ist bekannt. Aber jetzt wird das kleine Land noch größer: Seit 2018 versenken dreitausend Arbeiter tonnenweise Steine im Meer – das Land des Fürstentums soll um 6 h ins Wasser hinein vergrößert werden. 2 Mia. Euro wird es kosten, mehr als jedes andere Bauprojekt in Europa. Korallenriffe werden verlegt und sizilianisches Meeresgestein nach Monaco geschifft. Obendrauf sollen Luxusappartements

Noch Parkplätze frei? Das täuscht. Yachtplätze sind in Monaco so rar wie Wohnungen

für rund 100 000 Euro pro Quadratmeter entstehen. Denn der Run auf das sichere und Steuern sparende Fleckchen am Meer von Superreichen aus aller Welt ist ungebrochen.
Wenn Cannes gesichert ist wie eine Bank, dann ist Monaco Fort Knox. Im Fürstentum zwischen Nizza und Italien gelten ganz eigene Gesetze. Wer den weiß behandschuhten Gendarmen an den Einfallstraßen nicht gefällt, wird aus dem Verkehr gezogen. Junge Menschen auf Mofas z. B. Aber keine Sorge: Touristen kommen meist ungehindert hinein.

MONACO & UMGEBUNG

MARCO POLO HIGHLIGHTS

★ **CASINO DE MONTE CARLO**
Prachtvoller Treffpunkt für Spieler aus aller Welt ➤ S. 44

★ **JARDIN EXOTIQUE**
Ein Paradies für seltene Kakteen in Monaco ➤ S. 44

★ **MUSÉE OCÉANOGRAPHIQUE**
Spannend präsentierte Meereswissenschaft ➤ S. 43

★ **SAINT-MICHEL-ARCHANGE**
Schönes barockes Architekturensemble in Menton ➤ S. 47

★ **ROUTE DE LA GRANDE CORNICHE**
Die Panoramastraße an der Côte d'Azur ➤ S. 47

★ **TROPHÉE DES ALPES**
Siegesdenkmal des römischen Kaisers Augustus ➤ S. 49

(🕮 P–Q6) Besucher staunen darüber, wieso sich so viele Milliardäre aus aller Welt für ein paar eingesparte Steuern in die Betonburgen zwängen lassen. Hochhäuser mit zwanzig, dreißig, vierzig Etagen ziehen sich wie in einem Amphitheater die steilen Hänge hinauf. Viele sind grau, mit orangefarbenen, maximal vier Quadratmeter großen Balkonen versehen. Weil jedes Gebäude das andere zu überragen versucht, sehen die meisten Menschen auf Beton, nur die Mieter im Dachgeschoss und den Hafenhäusern haben noch Meerblick. Sollte der Kleinststaat mal gezwungen sein, normale Steuern zu erheben, würden sich die Wolkenkratzer wieder leeren. Und doch ist Monaco attraktiv. Viele hundert Personen beantragen pro Jahr die monegassische Staatsbürgerschaft, meistens bekommen diese nur zwischen zehn und fünfzig Menschen. Solche wie Alain Ducasse, der Sternekoch, der weltweit Restaurants eröffnet und im mondänen Hôtel de Paris direkt neben dem Kasino von Monaco Küchenchef ist.

WOHIN ZUERST?

Felsen oder Kasino: Den Felsen *(rocher)* mit Altstadt, Palast und Ozeanografischem Museum erreichst du am besten über die beiden Parkplätze *Pêcheurs (max. Höhe 1,90 m!)* und *La Digue*. Wer erst noch ins mondäne Kasinoviertel und die Einkaufsstraßen möchte, steuert das Parkhaus *Casino (Vorsicht: max. Höhe 2 m!)* an.

Das Kasino und sein ausladender Platz stehen für die schönen Seiten Monacos: Das Fürstentum ist eine Schau, ein rausgeputztes Disneyland für Reiche. Hier liegen keine Kaugummis auf den Bürgersteigen, die Fassaden sind frisch gestrichen, und Schilder weisen Touristen an, nicht mit Badehose in der Altstadt herumzuspazieren. 500 Videokameras und 500 Polizeibeamte wachen über Monaco und seine 35 000 Einwohner, viel mehr als in anderen Städten dieser Größe. Alles ist blitzsauber, die Parks beherbergen seltene Palmen, die Autos sind gewienert. Feine Boutiquen laden, wenn schon nicht zum Kaufen, dann doch zum Schaufensterbummel ein. Und seit der beleibte Fürst Albert II. die drahtige Hochleistungsschwimmerin Charlene geheiratet hat und sie Zwillinge bekamen, hat der Ministaat auch endlich seinen royalen Nachwuchs. Ihre Nachbarn können nur die wenigsten werden: Eine enge Garage kann in Monaco unglaubliche 200 000 Euro kosten, eine Ein-Zimmer-Wohnung eine runde Million. Wohlhabende Franzosen, Amerikaner oder Italiener tauschen ein kleines Appartement gegen hohe Steuervorteile. Meistens wohnen sie natürlich nicht in den monegassischen Zimmern, sondern ein paar Autostunden entfernt in einer großen Villa mit Garten und Pool. Angeblich stellen manche Reiche extra Leute ein, die Strom verbrauchen und den Steuerbehörden so ein regelmäßiges Leben in Monaco vorgaukeln.

Allerdings hat der Prunkstaat auch seine Schattenseiten: Denn abseits der Geldfülle ist Monaco sicherlich kein

Monacos hübsches Altstadtgassenknäuel schmiegt sich auf den Stadtfelsen *rocher*

vorbildlicher Staat: Die Schere zwischen Arm und Reich klafft so weit auseinander wie in kaum einem anderen Land, es gibt keine Gewerkschaften, kein Kündigungsrecht, keinen Beitritt zum Internationalen Strafgerichtshof, CO_2-Emissionen steigen allein wegen abertausender Klimaanlagen. Und der Fürst ist Oberhaupt in einem Ein-Parteien-Staat. Ausführliche Informationen auch im MARCO POLO „Nizza/Cannes/Monaco".

SIGHTSEEING

1 ALTSTADT VON MONACO

Lohnend ist ein Spaziergang durch die winkligen Gassen der Altstadt mit der dem monegassischen Bildhauer gewidmeten *Placette Bosio*, der rot gepflasterten *Rampe Major* mit den Stadttoren aus dem 16. Jh. und den Gärten *Saint-Martin*, wo ein Bronzedenkmal an Albert I. erinnert. Sehenswert sind zudem in der *Kathedrale* auf dem Stadtfelsen die Kunst von Louis Bréa und die *Fürstengräber*, in denen Grace Kelly und Rainier III. ihre letzte Ruhe gefunden haben.

2 MUSÉE OCÉANOGRAPHIQUE ★

Fürst Albert I. war passionierter Meeresforscher. Die Früchte seiner wissenschaftlichen Arbeiten werden seit 1910 im eindrucksvollen Institutsgebäude 85 m über dem Meer präsentiert. Taucher Jacques-Yves Cousteau verhalf in seinen 30 Amtsjahren als Direktor dem Ozeanografischen Museum zu Weltruhm. In rund 100 Aquarien leben über 4000 Meerestier- und 200 Fischarten. Die ältesten Tiere, darunter riesige Schildkröten, erhalten ihr Gnadenbrot in einem eigenen Becken. Von der Caféteria auf der Dachterrasse hast du einen herrlichen Blick aufs Meer. *Juli/Aug. tgl. 9.30–19.30, April–Juni, Sept. 9.30–19, Winter 10–18 Uhr | je nach Saison Eintritt zwischen 11 und 16 Euro | 2, Av. Saint-Martin | oceano.mc*

3 LE PALAIS PRINCIER

Der Fürstenpalast in Monaco-Ville, im 13. Jh. als genuesische Festung gebaut, wirkt wie das Bühnenbild einer Operette. Täglich um 11.55 Uhr findet die Wachablösung vor dem Haupteingang statt. Die *Grands Appartements* mit italienischer Galerie, dem Thronsaal im Empire-Stil sowie der z. T. für Konzerte genutzte Ehrenhof mit der Doppeltreppe aus Carrara-Marmor sind im Winter geschlossen. *April–Okt. tgl. 10–18 Uhr | 8 Euro | palais.mc*

4 COLLECTION DE VOITURES ANCIENNES

Die Grimaldi-Fürsten sind Autoliebhaber, seit es Autos gibt. Auf fünf Ebenen präsentiert Albert II. im Automobilmuseum rund 100 Karossen wie etwa den Siegerwagen des ersten Formel-1-Rennens 1929, einen Bugatti, oder das Geschenk monegassischer Geschäftsleute zur Hochzeit seines Vaters mit Grace Kelly, einen Rolls-Royce Silver Cloud. *Tgl. 10–18 Uhr | 6,50 Euro | Les Terrasses de Fontvieille*

5 JARDIN EXOTIQUE ★

Hoch über dem Meer gedeihen an der Felswand im Tropengarten im Stadtteil Moneghetti exotische Kakteen. Neben den Aussichtsterrassen gehören als weitere Attraktionen die 60 m tief im Fels liegende *Grotte de l'Observatoire* mit Versteinerungen und das *Musée d'Anthropologie Préhistorique* mit einer Sammlung von Münzen, Schmuck und Knochenfunden dazu. Auf der Aussichtsplattform vor der Grotte ist der beste Picknickplatz.

INSIDER-TIPP
Luxusplätzchen fürs Sandwic

Mitte Mai–Mitte Sept. tgl. 9–19, Mitte Sept.–Anfang Nov. und Ende Dez.–Mitte Mai tgl. 9–18 Uhr bzw. bis Einbruch der Dunkelheit | 7,20 Euro | 62, Blvd. du Jardin Exotique | jardin-exotique.mc

6 CASINO DE MONTE CARLO ★

Inmitten der Betonbauten ein Lichtblick: Das wunderschöne Kasino im Stadtteil Monte-Carlo. Die Spielsäle mit hohen, bunten Glasfenstern und schweren Bronzeleuchtern sowie der Opernsaal *(Salle Garnier)* sind nur für Erwachsene geöffnet und kosten 10 Euro Eintritt. Sehenswert sind die *Gärten* mit dem großen Springbrunnen und die *Terrassenanlagen* am Meer, die einen wunderschönen Blick auf das von Op-Art-Künstler Victor Vasarely gestaltete Dach des Kongresszentrums und den Hafen bieten. *casinomontecarlo.com*

ESSEN & TRINKEN

ELSA

Chefkoch Paolo Sari hat mit seinen Gerichten aus Bioprodukten einen Michelin-Stern eingefahren und brilliert im Hotel *Monte Carlo Beach* mit fantasievollen Menüs. *Nov.–Anfang März geschl. | Av. Princesse Grace | Roque-*

brune-Cap-Martin | Tel. 98065005 | monte-carlo-beach.com | €€€

LE LOUIS XV

Koch-Unternehmer Alain Ducasse und sein Küchenchef Franck Cerutti leiten im *Hôtel de Paris* ganz im Stil der Belle Epoque, eins der besten Restaurants Frankreichs. *Di, Mi, Dez. und Feb. geschl. | Place du Casino | Tel. 98068864 | alain-ducasse.com | €€€*

MARCHÉ DE LA CONDAMINE

Mach es wie die Bauarbeiter: Iss in der Sonne auf dem erstaunlich normalpreisigen Markt direkt am Eingang von Monaco. Oder direkt in der Markthalle mit sehr leckeren, sehr frischen Nudelgerichten und den typischen Teigtaschen *Barbajuans*. Die Kichererbsenrösti *Socca* und das Gemüsebaguette *Pan Bagnat* kosten dort sogar weniger als in Nizza. Eine absolute Seltenheit im Fürstenstaat. *Tgl. 7–13 Uhr | €*

DER-TIPP
Preiswertes mitten im Reichtum

SHOPPEN

Monaco bietet alles: von Luxusartikeln und Mode in Monte-Carlo *(Blvd. des Moulins, Av. des Spélugues* oder *Av. des Beaux-Arts)* bis zu Alltagsdingen (z. B. im *Centre Commercial de Fontvieille)*.

STRÄNDE

Der einzige Badestrand liegt im Osten des Fürstentums im Stadtteil Larvotto. Die *Plage du Larvotto* ist ein feiner Sandstrand mit vielen Buden. Wilder und abgeschiedener ist die *Plage Mala* im angrenzenden Ort Cap d'Ail: Vom dortigen Bahnhof führen viele Stufen zur Bucht.

Stachelig-grüne Abwechslung zu den Betonburgen: Kakteen im Jardin Exotique

WELLNESS

LES THERMES MARINS

In Nachbarschaft des Kasinos hilft das Wellnesszentrum beim Entspannen. Es hat allerdings seinen Preis, sich im Schwimmbad mit geheiztem Meereswasser zu tummeln, die Sauna oder den Traumblick im Fitnessstudio zu genießen. *Tgl. 7–21 Uhr | 2, Av. de*

Wer steht hier Im Schatten von Monaco? Das reiche Roquebrune-Cap-Martin bestimmt nicht

Monte Carlo | Tel. 98 06 69 00 | thermesmarinsmontecarlo.com

AUSGEHEN & FEIERN

Die Prominenz trifft sich in den kleinen, aber feinen Clubs. Treffpunkte der Schickeria sind seit Jahren *Sass Café (11, Av. Princesse Grace | sasscafe.com)* oder das winzig kleine *Le Jimmy'z (im Sommer tgl., sonst Mi–So ab 23 Uhr | Reservierung notwendig | Eintritt nur in Abendgarderobe | 26, Av. Princesse Grace | Tel. 92 16 22 77 | jimmyzmontecarlo.com)*. Weniger mondän und größer ist *Stars ‚n' Bars (tgl. 11–0 Uhr, Dancing bis 4 Uhr | 6, Quai Antoine 1er | starsnbars.com)* mit Snackbar, Billard, verrücktem Dekor, Internetcafé und Konzerten. Eine Attraktion für Normalsterbliche ist das Sommerkino *(Cinéma d'été | Ende Juni–Mitte Sept. jeden Abend | cinema2monaco.com)* unter freiem Himmel auf den *Terrasses du Parking des Pêcheurs* auf dem Stadtfelsen mit einer Leinwand, die zu den größten Europas zählt. Kissen mitbringen und von einem der umliegenden Plätze und Bänke kostenlos mitgucken.

INSIDER-TIPP
Kino für Trittbrettfahrer

Auch wenn die Weltstars sich ihren Auftritt beim *Monte-Carlo Sporting Summer Festival* einiges kosten lassen, heißt das noch lange nicht, dass du das auch musst. Schuhe ausziehen, Füße in den Sand des benachbarten Strands tauchen und der Musik kostenlos lauschen. Ist sogar schöner als in dem meist überhitzten Saal. Sommerprogramm unter *fr.montecarlolive.com*

RUND UM MONACO

ROUTE DE LA GRANDE CORNICHE ★

10 km/20 min von Monaco nach La Turbie (Auto), von dort auf der D 2564 z. B. östlich Richtung Menton fahren

Sie ist eine der schönsten Panoramastraßen der Welt. Napoléon ließ die Grande Corniche zum Teil auf den Spuren der römischen Via Julia Augusta in die Berge zwischen Menton und Nizza schlagen. 500 m hoch über dem Meer eröffnen sich auf der Strecke grandiose Ausblicke auf Dörfer, Denkmäler, Felsen und das Wasser. Die D 2564, die auch Cary Grant und Grace Kelly für den Hitchcock-Film „Über den Dächern von Nizza" abfuhren, führt von Menton aus über die alte Festung von Roquebrune zum römischen Siegesdenkmal von La Turbie und von Eze über der Halbinsel von Saint-Jean-Cap-Ferrat und Villefranche hinunter nach Nizza. Vorsicht: Die Straße ist im Sommer stark befahren, ebenso wie ihre zwei Schwestern, die *Moyenne Corniche* und die *Corniche Inférieure*, die im 18. Jh. direkt an der Küste angelegt wurde. *P–Q6*

ROQUEBRUNE-CAP-MARTIN

10 km/25 min von Monaco (Auto)

Die Bewohner könnten sich noch heute ärgern: Sie entschlossen sich 1860, französisch zu sein – und nicht zum damals verarmten Monaco zu gehören! Aber keine Sorge, Roquebrune ist auch ohne Fürstentum steinreich. Selbst der weltberühmte Architeckt Le Corbusier hat hier gewohnt. Am Strand zeugt sein Wochenendhäuschen, das *Cabanon de Le Corbusier,* von seinem künstlerischen Schaffen. Aus dem Mittelalter ist der *Wehrturm (Donjon) (Château | Juni–Sept. tgl. 10–13, 14.30–19, sonst 10–12.30, 14–17 Uhr | 5 Euro).* Von der 26 m hohen *Aussichtsplattform* hat man eine tolle Sicht auf das Dorf, Cap-Martin und Monaco. 4000 Jahre alt soll der *Olivenbaum (Olivier Millénaire)* 200 m hinter dem Ortsausgang mit seinem 10 m umfassenden Stamm sein. Wer baden möchte, steuert die *Plage de la Buse* an, ruhig und geschützt in einer Bucht gelegen und nur zu Fuß vom Bahnhof aus erreichbar. *Q6*

MENTON

10 km/30 min von Monaco (Auto, außerhalb der Rushhour oder Zug)

Italien lässt grüßen. Kein Wunder, denn die Grenze zum Nachbarland liegt am Ortsausgang des französischen Städtchens (28 000 Ew.). Menton weist im Winter die angenehmsten Temperaturen der gesamten Küste auf. Der Kirchplatz von ★ *Saint-Michel-Archange* gilt als eins der schönsten Barockensembles der Region. Bezeichnend ist das Wappen der Grimaldis im Kieselsteinpflaster. Über die Einkaufsstraße *Rue Saint-Michel* geht es durch die hübsche Altstadt zur *Place aux Herbes* mit Straßencafés und überdachter Markthalle. Adresse für Feinschmecker ist die *Maison Herbin (geführte Besichtigung der Fabrik Mo, Mi, Fr 10.30 Uhr | 2, Rue Palmaro | confitures-herbin.com)* mit hausge-

machten Konfitüren und eingemachten Gemüsen.

Jean Cocteau hat den *Hochzeitssaal (Salle de Mariage) (Mo–Fr 9–12.30, 14–17 Uhr | 2 Euro | Hôtel de Ville)* des Rathauses 1958 mit Wandmalereien ausgestaltet. Zwischen Markthalle und Meer zeigt das von Rudy Ricciotti entworfene *Musée Jean Cocteau (Mi–Mo 10–18 Uhr | 8 Euro inkl. Bastion | 2, Quai de Monléon | museecocteaumenton.fr)* die 1000 Werke umfassende Sammlung des amerikanisch-belgischen Unternehmers Séverin Wunderman.

Bekannt ist Menton auch für seine *Gärten* mit exotischen tropischen Pflanzen wie den *Jardin Botanique de Val Rahmeh (Mai–Sept. Mi–Mo 10–12.30, 15.30–18.30, Okt.–April 10–12.30, 14–17 Uhr | 6,50 Euro | Av. Saint-Jacques)*. Größer ist der am Hang gelegene *Jardin Serre de la Madone (Nov. geschl., Di–So 10–18, im Winter 10–17 Uhr | 8 Euro | 74, Route de Gorbio)*, den der Engländer Lawrence Johnston vor gut 100 Jahren angelegt hat. Zum Gourmettempel hat Mauro Colagreco das *Mirazur (Mo, Di, Mitte Nov.–Mitte Feb. geschl. | 30, Av. Aristide Briand | Tel. 04 92 41 86 86 | mirazur.fr | €€€)* nahe der italienischen Grenze mit Blick auf Meer und Bucht gemacht. Q6

SAINTE-AGNÈS

20 km/45 min–1 h 15 von Monaco (Auto)

In dem Bergdorf (rund 1000 Ew.) auf 800 m liegt ein Fort *(Juni–Sept. tgl. 10.30–12, 15–19, sonst Sa/So 14–17.30 Uhr | 5 Euro | auch im Sommer*

Pullover überziehen), das man mit ein wenig Grusel besichtigen kann: Die französischen Soldaten haben sich 1940 in den in den Felsen gehauenen, nahezu fensterlosen Räumen über Monate vor den italienischen Soldaten versteckt. Nach der beklemmenden Besichtigung ist der endlose Ausblick übers Meer umso willkommener. Wenig Touristen und nette Cafés machen den Ausflug perfekt. *Q6*

TROPHÉE DES ALPES ★

10 km/20 min von Monaco (Auto oder Bus 11, außerhalb der Rushhour)

Natürlich ist dieser römische Bau hoch über Monaco interessant. Kaiser Augustus war so stolz, ganze 44 Volksstämme in den Alpen unterworfen zu haben, dass er die Küste mit dieser Trophäe „beschenkte". Heute besticht das Denkmal aber vor allem durch den Kontrast, dass tausende Jahre alte Steinreste nur ein paar Meter Luftlinie über den neuesten architektonischen Wundern von Monaco überleben konnten. Und schließlich 1929 vom Amerikaner Edward Tuck wieder aufgebaut wurden. Von hier aus bei Dämmerung die aufblitzenden Lichter der monegassischen Wolkenkratzer bestaunen!

INSIDER-TIPP
Monaco bei Nacht sehen

Die komplette wechselhafte Geschichte dieser parkähnlich angelegten Festung mit einer Aussichtsterrasse im 3200 Ew. zählenden Dorf *La Turbie (5 km nordwestlich | Av. Albert 1er)* wird dir anschaulich im dazugehörigen *Museum (Mitte Mai–Mitte Sept. Di–So 9.30–13, 14.30–18.30, sonst 10–13.30, 14.30–17 Uhr | 6 Euro | Rue Capouane | trophee-auguste.fr)* erzählt. *P6*

Mentons wohl schönster Platz liegt vor der barocken Basilika Saint-Michel-Archange

NIZZA & UMGEBUNG

DER UNBESTRITTENE DAUERSTAR

Es kann nur eine echte Hauptdarstellerin geben, und das ist an der Côte d'Azur eindeutig Nizza! Ein sanft geschwungener, langer Strand, die Promenade des Anglais mit den Palästen der Belle Epoque, eine Altstadt mit bunten Häusern und Kunstschätzen des Barock, Museen und Bibliotheken sowie ein Hauch von Italien machen nach wie vor ihre große Anziehungskraft aus.

Trotz der Nähe zu Nizza haben sich Orte wie Saint-Jean-Cap-Ferrat oder Villefranche-sur-Mer einen eigenen, außerhalb der Hochsaison

Prachtboulevard Nr. 1 an der Côte d'Azur: die Promenade des Anglais in Nizza

sogar gemütlichen Charakter bewahrt. Ein paar Kilometer nördlich tauchst du in die stille Welt der Berge ein. Wie Schwalbennester kleben kleine Dörfer auf den Hügeln. Die Franzosen nennen sie *villages perchés* – „Dörfer wie auf der Vogelstange". Dicht an dicht und verschachtelt stehen die Häuser aneinander. Enge und teilweise überwölbte Gassen prägen die Ortsbilder. Ausführliche Informationen auch im MARCO POLO „Nizza/Cannes/Monaco".

NIZZA & UMGEBUNG

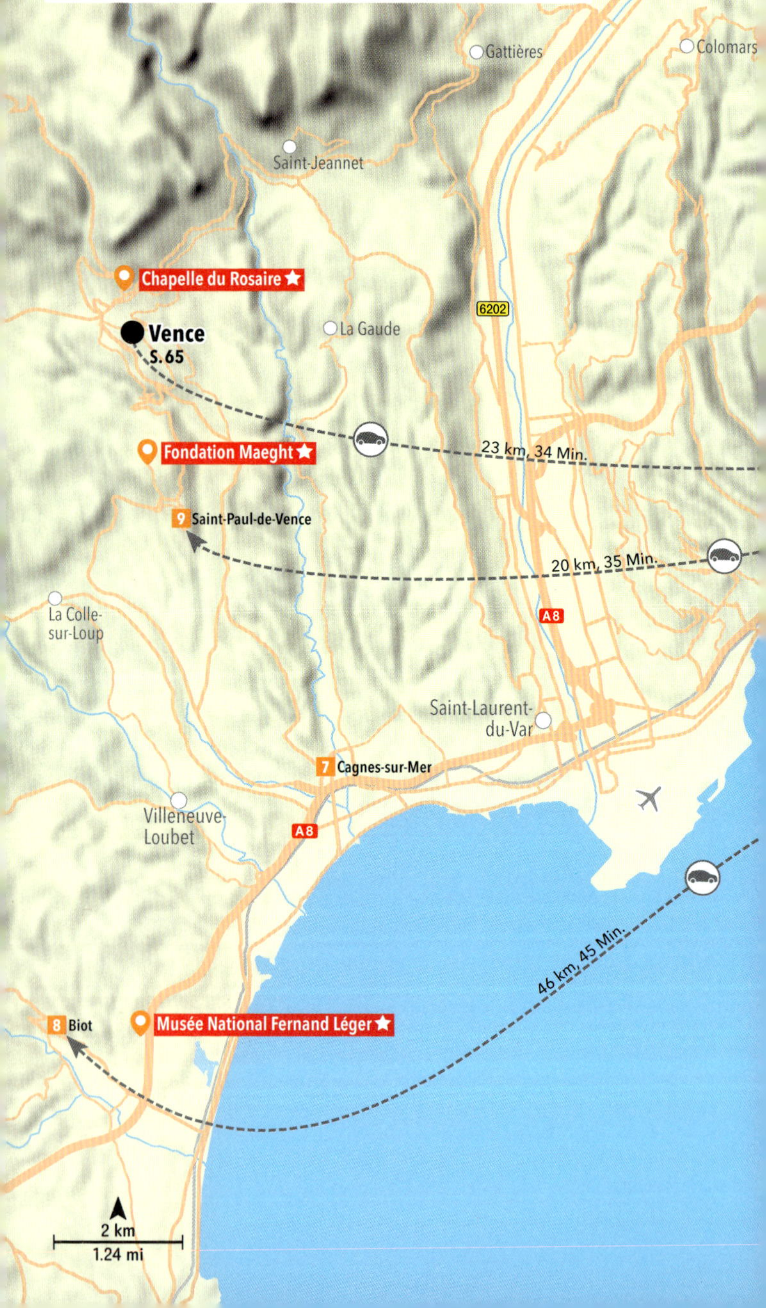

MARCO POLO HIGHLIGHTS

★ **PROMENADE DES ANGLAIS**
Engländer finanzierten die von Palmen und Palästen gesäumte Flaniermeile direkt am Meer. ➤ S. 54

★ **MUSÉE NATIONAL MARC CHAGALL**
Das Vermächtnis des Meisters in Nizza – die größte Sammlung seiner Werke ➤ S. 57

★ **MÄRKTE IN NIZZA**
Blumen, Fische, Fleisch, Gemüse – ein buntes Fest für alle Sinne in der Altstadt ➤ S. 60

★ **MUSÉE NATIONAL FERNAND LÉGER**
Noch ein Vermächtnis: Riesenkeramik und starke Bilder in Biot ➤ S. 64

★ **CAP FERRAT**
Auf der Halbinsel der Millionäre stehen prächtige Villen in üppigen Parks und an kleinen Stränden. ➤ S. 61

★ **EZE**
Ein wahres *village perché.* Schon Nietzsche verbrachte seine Ferien im Dorf hoch über dem Meer. ➤ S. 62

★ **CHAPELLE DU ROSAIRE**
Ein Bauwerk, ein Künstler: Matisse entwarf und gestaltete die Kapelle in Vence. ➤ S. 66

★ **FONDATION MAEGHT**
Unvergleichliches Privatmuseum in Saint-Paul-de-Vence ➤ S. 67

NIZZA

(⊞ O-P 6-7) **In Nizza (Nice) kannst du die Sau rauslassen: Im Jogginganzug einen schicken Cocktail trinken. Morgens ein kühles Bad an der Strandpromenade nehmen und mittags mit dem Bus ins Skigebiet fahren. In der Altstadt giftgrünen Absinth trinken, bis sich die ockerfarbenen Häuser vor deinen Augen drehen. Um Mitternacht im Mondschein Salsa tanzen und dazu Veilchen- und Maroneneis schlecken.**

Die Hauptstadt des Départements Alpes-Maritimes mit ihren 350 000 Einwohnern ist weniger mondän als Cannes, aber 365 Tage im Jahr belebt und beliebt. Dafür sorgen Studenten- und Arbeiterviertel wie *Riquier* am Hafen. Dort am besten um 18 Uhr in einer der spelunkigen Kneipen auftauchen und mit Franzosen einen Feierabend-Pastis trinken. Ihr hört alte Chansons und esst mit den Fingern knoblauchgetränkte Oliven.

WOHIN ZUERST?

Place Masséna: Von der Place Masséna sind Nizzas Altstadt oder die Promenade des Anglais am Meer bequem zu Fuß zu erreichen. Der Platz ist mit der Einweihung der Straßenbahnlinie zur Fußgängerzone umgestaltet worden. Das Parkhaus *Masséna* ist zuweilen belegt, eine Alternative ist das Parkhaus *Saleya* in der Altstadt.

Berühmt ist Nizza aber vor allem für seine 7 km lange Strandpromenade, die einst von Engländern finanzierte ★ *Promenade des Anglais*. Umso betroffener waren die Einheimischen, als ein Terrorist im Sommer 2016 hier mit einem Laster 86 Menschen überfuhr. Nach vielen Trauerzeremonien und einer einjährigen Veranstaltungspause haben sie sich ihre Flaniermeile zurückerobert. Jogger, Inlineskater und Radfahrer cruisen um die Wette, vorbei am schönsten Hotel der Region, dem schneeweißen *Négresco* mit livrierten Dienern und einer golden blinkenden Eingangshalle. Das Fünf-Sterne-Haus ist sündhaft teuer, aber einmal im Leben solltest du einen Champagner auf der Terrasse süffeln! Ein paar Meter weiter beginnt die neue *Promenade du Paillon*: Der wunderschöne Park mit Spielplätzen, Brunnenspielen und beeindruckend hohen Palmen ist bei Familien so beliebt, dass Kinder an den Rutschen Schlange stehen. Frühmorgens, wenn die Familien noch schlafen, mit Croissant und Café in den Park gehen und die rote Sonne angucken.

INSIDER-TIPP
Rote Sonne auf Palmen

Direkt daneben geht es in die verwinkelte *Altstadt*. Selbst im Hochsommer ist es hier angenehm kühl und es riecht lecker nach handgefertigten Ledertaschen, Seifen und Gewürzen. Die ockerfarbenen und rostroten Häuser erinnern an Nizzas italienische Geschichte: Erst 1860 wurde die Stadt per Volksentscheid Frankreich zugeschlagen. Seitdem zieht „Nissa la Bella" – Nizza, die Schöne – wohlhabende und sonnenhungrige Menschen aus

Laden, Lokal, Laden, Lokal ... In Nizzas Altstadt lässt sich's endlos shoppen und schlemmen

aller Welt an. Auch adlige Russen flohen vor den eisigen Wintern hierher und hinterließen die 1912 von der Zarenfamilie eingeweihte Kathedrale *Saint-Nicolas (Av. Nicolas II)* nahe dem Hauptbahnhof. Die bunten Zwiebeltürme sind hübsch, aber Vorsicht vor dem Gottesdienst: Die Gläubigen stehen! Volle zwei Stunden lang.
Fahr mit der Straßenbahn *(tramway)* zur *Place Garibaldi* nördlich der Altstadt: Die historischen Fassaden sind abends goldgelb beleuchtet, tagsüber kann man einen *café au lait* unter rosa blühenden Seidenbäumen genießen. Inzwischen fährt auch eine zweite Tramway vom Hafen bis zum Flughafen, also von Ost nach West. Das ist schneller als jedes Taxi und kostet nur 1,50 Euro. Wer die schönsten, nur für Fußgänger zugänglichen Ecken Nizzas komfortabel erkunden möchte, der steigt in eine der Rikschas, die am Platz Masséna warten. Meist fahren freundliche Studenten und erzählen dabei allerlei Persönliches über ihre Stadt.

INSIDER-TIPP
Kutsche für jedermann

SIGHTSEEING

ALTSTADT

Gassen und Plätze umgeben von Häusern in kräftigem Ockergelb und Rostrot verleihen der weitgehend restaurierten Altstadt unwiderstehlichen Charme. Märkte, Restaurants und Geschäfte sorgen für Betrieb. Drei Plätze geben der Altstadt ihren architektonischen Rhythmus: im Norden die Arkaden gesäumte *Place Garibaldi* mit dem Denkmal des Freiheitshelden, die *Place Saint-François* mit Stadthaus und Fischmarkt sowie der *Cours Saleya* mit dem farbenprächtigen Blumenmarkt im Süden. Er ist auch der leckerste Platz von allen: Morgens auf dem Markt kandierte Früchte und frische Orangen genießen, mittags auf den Terrassen günstige Dreigänge-Menüs verspeisen. Und abends zusammen mit Studenten und Touristen aus aller Welt einen Pastis trinken.

BUTTE DU CHÂTEAU

Vor drei Jahrhunderten lebte mal das ganze Dorf Nizza auf diesem Hügel. Heute kannst du von den Aussichtspunkten bis zum Flughafen und die 3000er im Hinterland schauen. Unbedingt an der *Cascade d'Amour* – dem Liebeswasserfall! – ein Foto mit tropfnassen Haaren schießen. Achtung: Der Hügel schließt ab 18 Uhr seine Pforten!

PROMENADE DU PAILLON

Da hatte der Bürgermeister von Nizza, ausgerechnet ein ehemaliger Rennfahrer, eine Spitzenidee: Straßen und Tiefgaragen abschaffen, Palmen, Olivenbäume und Rasen wachsen lassen, fertig ist der perfekte Stadtgarten. Im Sommer kann man sich in den Wasserfontänen prima abkühlen.

INSIDER-TIPP
Nasse Füße? Aber gern!

MUSÉE D'ART MODERNE ET D'ART CONTEMPORAIN (MAMAC)

„Die Stiftung des Zweifels" ist ein Spruch von Ben. Oder: „Wir müssen den Worten misstrauen." Nizzas bekanntester Künstler ist ausgerechnet einer, der keiner sein will: Ben will wie Warhol den Alltag zur Kunst erklären. Seine Sprüche, weiße Kinderschreib-

Konkurrenz für den Strand: Wasserspiele in der herrlichen Parkanlage Promenade du Paillon

schrift auf schwarzem Grund, finden sich an den Tramhaltestellen – und im größten modernen Museum Nizzas, dem MAMAC. Glanzstücke sind die Säle mit Arbeiten des in Nizza geborenen Yves Klein (1928–62), darunter einige seiner berühmten „blauen Bilder", oder die Sammlung, die Niki de Saint Phalle dem Museum vermacht hat. Auch US-Künstler wie Andy Warhol, Rob Rauschenberg und Tom Wesselmann sind hier zu sehen. Von der Dachterrasse bietet sich ein herrlicher Blick auf Stadt und Meer. *Di–So 10–18 Uhr | 10 Euro | Place Yves Klein | mamac-nice.org*

MUSÉE NATIONAL MARC CHAGALL ★

Der Maler Marc Chagall (1887–1985) selbst hat die größte zusammenhängende Sammlung seiner Werke gestiftet, für die in Cimiez ein eigenes Museum gebaut wurde. Den Schwerpunkt bilden biblische Botschaften mit Gemälden, Skulpturen, Tapisserien und das Mosaik des Propheten Elias an der Außenwand des Gebäudes. *Mai–Okt. Mi–Mo 10–18, Nov.–April 10–17 Uhr | 8 Euro | Av. du Docteur Ménard | Bus Musée Chagall | musee-chagall.fr*

MARCHÉ DE LA LIBÉRATION

Jaja, der Cours Saleya liegt direkt am Meer und verkauft auch touristische Lavendelbeutel. Aber wer echte Bauern und schreiende Fischverkäufer sehen möchte, der muss mit der Tram bis zum Platz Libération fahren. Das heimischste Obst und Gemüse der Stadt gibt es dort! *Di–Fr 6–12.30 Uhr | Place du Général de Gaulle*

VILLA ARSON

In der Villa aus dem 18. Jh. mit schönem Garten, das Ganze eingebettet in einen Gebäudekomplex im Bauhaus-Stil, geht es nur um die zeitgenössische Kunst. Die Hochschule zeigt die spannendsten Ausstellungen am Mittelmeer. *Mi–Mo 14–18 Uhr | Eintritt frei | 20, Av. Stephen Liégeard | Bus Le Ray o. Deux Avenues | villa-arson.org*

MUSÉE MATISSE ⚑

Henri Matisse (1869–1954) lebte von 1917 bis zu seinem Tod in Nizza. In einer Genueser Villa aus dem 17. Jh. in einem Olivenhain von Cimiez wird die eigene Sammlung des Malers als repräsentativer Überblick über das Gesamtwerk gezeigt. *Mi–Mo 10–18 Uhr |*

10 Euro | 164, Av. des Arènes de Cimiez | Bus Arènes/Musée Matisse | musee-matisse-nice.org

ESSEN & TRINKEN

LE BISTROT D'ANTOINE

Du schüttelst dich bei Blutwurst, und Lebergulasch hast du noch nie gegessen? Dann auf ins *Bistrot d'Antoine*! Du wirst die kulinarische Mutprobe überleben – und stolz auf dich sein: Hier schmecken traditionelle Arme-Leute-Gerichte königlich gut. Holztische, Karodecken und eine schmiedeeiserne Bar sind genau so, wie wir uns französische Restaurants erträumen. Die *boudin noir* auf Risotto ist nur im Kopf zweifelhaft, im Mund unbestreitbar lecker! Unbedingt reservieren! *So/Mo geschl. | 27, Rue de la Préfecture | Tel. 04 93 85 29 57 | €€*

INSIDER-TIPP
Blutige Köstlichkeit

LE CAFÉ DE TURIN

Seit 1908 die Institution für frische Meeresfrüchte in Nizza – Austern schlürfen zu jeder Tageszeit. Wer Muscheln und Fisch lieber gekocht isst, hat die Wahl zwischen zwei weiteren Restaurants unter den Arkaden an der Place Garibaldi, dem *Turin (Do–Di)* oder dem *Turinissimo (So-Abend, Mo, Di-Mittag geschl.). Tgl. | 5, Place Garibaldi | Tel. 04 93 62 29 52 | cafedeturin.fr | €–€€€*

LE COMPTOIR CENTRAL ELECTRIQUE

Das Viertel im Norden der Altstadt zwischen der Place Garibaldi und dem Hafen entwickelt sich zum neuen Gastrotreff in Nizza. Dafür steht das Vintage-Bistrot in einem ehemaligen Elektrogeschäft mit origineller Deko, Terrasse und kreativer Küche. *So geschl. | 10, Rue Bonaparte | Tel. 04 93 14 09 62 | Fccabook: lecomptoir centralelectrique | €–€€*

LA MERENDA

Winziges Restaurant, nichts für ein vertrauliches Tête-à-Tête. Chef Le Stanc kocht lokale Spezialitäten, alles frisch vom Markt. *Sa/So geschl., persönlich reservieren | 4, Rue Raoul Bosio | €–€€*

L'UNION

Touristen verirren sich selten ins aufstrebende Borriglione-Viertel, in dem Daniel Alvarez seine Brasserie mit Sommergarten und Boulefeld betreibt und Spezialitäten aus Nizza wie *pissaladière*, Kutteln *(tripes)*, Gemüsekrapfen *(beignets)* oder Rinderragout *(daube)* zu vernünftigen Preisen anbietet. *Tgl. | 1, Rue Michelet | Tel. 04 93 84 65 27 | Tramway Valrose-Université | unionrestaurant.fr | €*

SHOPPEN

Für Olivenöl steuert man *Nicolas Alziari (14, Rue Saint-François de Paule)* an. Kandierte Früchte, Schokolade und Pralinen führt *Maison Auer (7, Rue Saint-François de Paule)*. Stöbern lohnt auf dem kleinen Antiquitätenmarkt *Les Puces de Nice (Di–Sa 10–18 Uhr)* am Hafen. Für Mode sind die Straßen um die Rue de la Liberté erste Adresse. Große Marken gibt es im Viertel westlich der Avenue Jean Médecin zwischen Boulevard Victor Hugo und Promenade des Anglais. 100 Boutiquen unter einem Dach bietet ☂ *Nicetoile (30, Av. Jean Médecin | nicetoile.com)*.

Bei den Olivenspezis von Alziari

MÄRKTE ★

Legendär ist der *Fischmarkt (Di–So 6–13 Uhr)* auf der Place Saint-François mit ungeheuer großem Angebot. Ein paar Schritte weiter auf dem *Cours Saleya*, wo der *Marché aux fleurs (Di–Sa 6–17.30, So 6–12 Uhr)* zu Hause ist, gibt es Blumen im Überfluss, dazu kommt der nicht minder farbenfrohe *Lebensmittelmarkt (Di–So 7–13 Uhr)*.

SPORT & SPASS

An der *Plage d'Opéra – Beau Rivage* hat *Nikaia Water Sports (nikaiaglisse.com)* sein Zentrum mit Wasserski, Gleitschirmsegeln, Kanu- und Kajakverleih aufgebaut. Auf der *Promenade des Anglais* gibt's eine Extraspur für Radler und Rollerfahrer.

Wem es zwischen November und April an der Küste noch zu warm ist, der nimmt den *Schneebus (4 Euro | ab Busbahnhof Nizza)* in die Skiorte Valberg, Auron oder Isola 2000.

STRÄNDE

Auf 7 km Länge säumen Nizzas Küste 15 private und 20 öffentliche Badestrände – je weiter westlich von der Altstadt entfernt, desto leerer sind sie. Besonders schön ist der *Coco Beach*, ganz im Osten jenseits des Hafens: Ein Strand mit in die Felsen gehauenen Liegeplätzen.

WELLNESS

Nizza hat ein großes Wellnessangebot, z. B. *Deep Nature Spa (Hotel Boscolo Exedra | 12, Blvd. Victor Hugo | deepnature.fr)* und der ebenfalls für externe Gäste offene Spabereich im *Hôtel Splendid (50, Blvd. Victor Hugo | spa-splendid.com)*. Der Dachpool ist aber nur für Hotelgäste.

AUSGEHEN & FEIERN

Geld verprassen in Spielkasinos, Cocktails trinken in spelunkigen Bars oder einfach eine Flasche Rotwein mit an den Strand nehmen – in Nizza geht alles! Treffpunkt ist die Altstadt rund um den *Cours Saleya* mit Livebands im Pub *Wayne's (15, Rue de la Préfecture | waynes.fr)*. DJs sorgen jeden Abend in der *Happy Bar* des *Hi Hôtel (38 Zi. | 3, Av. des Fleurs | Tel. 04 97 07 26 26 | hi-hotel.net)* mit Biorestaurant *(€€€)* für Stimmung.

Entlang der neuen Tramlinie 2, Haltestelle Cadam, finden sich armenische, türkische, syrische, französische und italienische Bistrots in jahrelanger Eintracht. Das Viertel wird sicherlich mit jedem Jahr hipper und teurer – also schnell hin und noch zwischen Einheimischen einen günstigen Apéro trinken.

RUND UM NIZZA

INSIDER-TIPP
Fast umsonst cruisen

Haste mal 'nen Euro? Nizza ist auch Startpunkt dutzender Busse ins Hinterland: Für einen Euro (im Zehnerticket) oder 1,50 Euro (Einzelfahrschein) mit dem *Alpenbus (lignedazur.com)* in so hüb-

Baden und von den Luxusanwesen links und rechts träumen: Paloma Beach am Cap Ferrat

sche Dörfer wie Falicon (Bus 25), Levens (Bus 89) oder Vence (Bus 400) zu fahren, ist fast geschenkt.

1 VILLEFRANCHE-SUR-MER

10 km/25 min von Nizza (Auto)

Hübsche Altstadt (6600 Ew.) am Meer unterhalb der Zitadelle, die der Herzog von Savoyen im 16. Jh. bauen ließ. Die Festung ist heute ein *Museum (Okt.–Mai tgl. 10–12, 14–17.30, Juni–Sept. tgl. 10–12, 15–18.30 Uhr, So-Vormittag geschl. | Eintritt frei)* mit Skulpturen von Antoniucci Volti, Bildern und der kostbaren Sammlung des Künstlerpaars Christine Boumeester und Henri Goetz. Jean Cocteau hat 1957 die *Petrus-Kapelle (Mi–Mo 10–12, 15–19 (Sommer), 14–18 Uhr (Winter), Mitte Nov.–Mitte Dez. geschl. | 3 Euro)* ausgemalt. P7

2 CAP FERRAT ★

10 km/25 min von Nizza (Auto, 30 min Bus 100)

Wer den unfassbaren Reichtum der Halbinsel der Millionäre um das kleine, alte Fischerdorf *Saint-Jean-Cap-Ferrat* (2100 Ew.) verstehen will, kommt am besten mitten in der Nacht. Dann siehst du die Lüster in den Villen leuchten und livriertes Wachpersonal vor den haushohen Eingangspforten stehen. Tagsüber nimmst du am besten den *Küstenwanderweg (sentier littoral)*, der in rund 2 Stunden einmal um die Insel führt. Er startet am hübschen *Paloma Beach*, wo man vor der Wanderung noch einen Badestopp einlegen und evt. ein paar Promis treffen kann.

INSIDER-TIPP
Erkenntnis im Dunkeln

Können Kakteen & Co. glücklich sein? Die im *Jardin Exotique* bestimmt: Sie blicken aufs Meer

Die schönste Anlage auf dem Cap mit einem Traumblick aus Haus und Garten ist für Besucher geöffnet: 1910 ließ Baronin Béatrice Ephrussi de Rothschild mitten auf der Halbinsel die *Villa Ephrussi de Rothschild (Feb.–Okt. tgl. 10–18, Juli/Aug. bis 19, Nov.–Jan. 14–18 Uhr | 14 Euro | villa-ephrussi.com)* im italienischen Stil bauen, die heute zusammen mit dem 7 ha großen Park zum *Musée Île-de-France* mit mehr als 5000 Kunstwerken geworden ist. *P7*

3 BEAULIEU-SUR-MER

10 km/25 min von Nizza (Auto, 30 min mit dem Zug)

Mit Palmen und Palästen ein typisches Seebad (3700 Ew.) der Belle Epoque. Schon Baumeister Gustave Eiffel residierte hier. Hier startet ein Küstenweg, den selbst gebrechliche Touristen locker schaffen. Vorbei an der *Villa Grecque Kérylos (Feb.–Juni, Sept.–Okt. tgl. 10–18, Juli/Aug. 10–19, Nov.–Feb. Mo–Fr 14–18, Sa/So 10–18 Uhr | 11,50 Euro | villakerylos.com)*, die eine klassische griechische Villa kopiert: Die strengen Linien sind nicht besonders aufregend, aber hübsch anzusehen. Weißen Kies an seichtem blauen Meer, hübsch gerahmt von Südalpenausläufern, bietet einer der Stadtstrände Beaulieus, *La Petite Afrique*. *P7*

4 EZE ★

12 km/25 min von Nizza über die Moyen Corniche (Auto)

Die ägyptische Gottheit Isis soll dem Dorf, das sich an den Felsen 427 m steil über dem Meer schmiegt, seinen Namen gegeben haben. Eze ist mit seinen rund 3000 Einwohnern das Paradebeispiel für ein *village perché*. Friedrich Nietzsche erkor das sorgfältig restaurierte Dorf mit den steilen Gassen zu seinem Feriendomizil. Wer den Fußweg (2 Std. hin und zurück) auf den Spuren des Philosophen vom Badeort *Eze-Bord-de-Mer* hinauf zum Berg folgen will, braucht eine gute Kondition.

Eine Attraktion in Eze ist der *Jardin Exotique (im Sommer 9–20, sonst 9–17.30 Uhr | 6 Euro)* mit seinen Kakteen rund um die Ruine der *Burg* aus dem 14. Jh., die Sonnenkönig Ludwig XIV. Anfang des 18. Jhs. schleifen ließ. Von der Terrasse aus ist die Aussicht auf die Riviera traumhaft. Im Dorf hat Loïc Siino sein eigenes Restaurant *L'Alchimie (So geschl. | 197, Av. de Verdun | Tel. 04 93 41 12 79 | restaurant-lalchimie.com | €€–€€€)* mit tollen Kreationen aufgemacht. P6

5 PEILLON

20 km/30 min von Nizza (Auto)

Peillon (1300 Ew.) ist das Dorf ohne Straßen: Die Altstadthäuser sind so steil in den Berg gebaut, dass die Gassen nur zu Fuß zu erklimmen sind. Kein Wunder, dass von diesem Adlernest aus einer der schönsten Klettersteige losgeht – am besten morgens erklimmen, denn mittags brutzelt die Sonne dort stark! Wer es noch ruhiger mag, der fährt – oder läuft über einen schönen Wanderweg – ins benachbarte *Peille* (2200 Ew.). Toller Blick, aber kein Café. P6

6 LUCÉRAM

30 km/40 min von Nizza (Auto, 50 min Bus 340)

Schon bei dem Namen schlagen Radfahrerherzen höher: Lucéram (1200 Ew.) liegt auf dem Weg zum legendären Turini-Pass, und wie erwartet schlängelt sich die Straße in engen Kurven durchs Dorf. Die Geschichte hat dort reichlich Kostbares hinterlassen. Z. B. den Kirchenschatz in der *Eglise Sainte-Marguerite* mit Altarbildern von Giovanni Canavesio und Louis Bréa, die zu den schönsten Beispielen der Schule von Nizza im Barock gehören. Das Dorf feiert am

DIE CÔTE D'AZUR STRENGT SICH AN

Das waren die Hoteliers und Restaurantbesitzer an der schicken Küste bisher nicht gewohnt: Nach dem Terroranschlag an der Promenade von Nizza im Juli 2016 mussten sie zum ersten Mal um Gäste buhlen. Bislang kamen die von allein, nun blieben viele aus. Und die Côte musste sich anstrengen. Viele Touristen sind sich inzwischen einig: Der Service an der ganzen Küste ist seitdem besser geworden und die Schnäppchen größer. Die Werbekampagne „I love Nice" *(ilove.nice.fr)* fordert zum Mitmachen auf, täglich gelangen darüber lauter private Fotos von der Côte d'Azur in die sozialen Medien. So hat das Drama die Region verändert – auch zum Positiven. Inzwischen kommen sogar mehr Besucher als vor dem Anschlag an die Côte.

24. Dezember die Hirtenweihnacht mit Prozession zur Kirche. Zusammen mit dem Weiler *Piera-Cava* (14 km im Norden) präsentiert man von Dezember bis Januar rund 450 private Weihnachtskrippen *(circuit des crèches)*. *P5*

7 CAGNES-SUR-MER

15 km/25 min von Nizza (Auto oder Zug)

Augen zu und hoch: Wer vom Strand zur Altstadt von Cagnes-sur-Mer (49 000 Ew.) kommen möchte, darf sich nicht allzu sehr über den Verkehr und die dröhnende Autobahn ärgern. Denn kaum in der Altstadt angekommen, trösten die ruhigen Gassen und die wunderschöne Sicht auf das Meer über die Stinker hinweg. Schlendert man in den Gassen und unter den Arkaden des mittelalterlichen Schlosses wird deutlich, warum viele Maler diesen Ort auf den vielen Hügeln als Domizil erwählt haben. Pierre-Auguste Renoir (1841–1919) hat sich mitten im Olivenhain *Les Collettes* eingerichtet. Das renovierte Haus mit schönem Garten und der Bronzeskulptur *Venus Victrix* ist heute als *Musée Renoir (Sommer Mi–Mo 10–12, 14–18, im Winter bis 17 Uhr | 6 Euro)* Gedenkstätte und Museum. Wer den Kontrast sucht, shoppt bis zum Umfallen – in Cagnes' *Polygone Riviera (Mo–Sa 10–21, So 11–19 Uhr)* warten 150 Geschäfte. Man rühmt sich damit, das erste Einkaufszentrum unter freiem Himmel zu sein, und wenn bald die 1000 gepflanzten Bäume größer sind, dann ist es wie einkaufen im Wald ... *O7*

8 BIOT

20 km/30 min von Nizza (Auto)

Die Kunst der Töpferei in Biot (9000 Ew.) reicht bis in die Antike zurück. Seit 50 Jahren ist das Dorf mit seinem schönen Ortskern zudem auf Glasbläserei und Schmuck spezialisiert. Wie die Kunsthandwerker arbeiten, siehst du in der Glasbläserei: *La Verrerie de Biot (Sommer Mo–Sa 9.30–20, So 10–13, 15–19, Winter Mo–Sa 9.30–18, So 10.30–13, 14.30–18.30 Uhr | Chemin des Combes | verreriebiot.com)*. Seit 1960 ist der Ort eng mit Fernand Léger (1881–1955) verbunden. Das ★ *Musée National Fernand Léger (Mi–Mo 10–17, Mai–Okt. bis 18 Uhr | 5,50 Euro | Chemin du Val de Pome | musees-nationaux-alpesmaritimes.fr/fleger)* beherbergt die 348 Werke, die die Witwe des Künstlers dem französischen Staat stiftete. 500 m² misst das Mosaik an der

Bist du in der Altstadt von Cagnes angekommen, fällt in den ruhigen Gassen der Stress ab

Hauptfassade, das einst im Stadion von Hannover dem Sport huldigen sollte. In den Kellergewölben des Hotel-Restaurants *Les Arcades (Restaurant So-Abend, Mo geschl. | 16, Place des Arcades | Tel. 04 93 65 01 04 | hotel-restaurant-les-arcades.com | €–€€)* hat das Wirtspaar Mimi und André Brothier seit über 40 Jahren Kunstschätze (Fernand Léger, Victor Vasarely etc.) zusammengetragen. Das Restaurant bietet etwas zu teure provenzalische Küche, dafür sind aber die Zimmer wunderschön dekoriert. *N–O7*

VENCE

(06) **Wow, eine echte Allerweltsstadt. An der Côte d'Azur ist das ein Kompliment, denn Vence (19 000 Ew.) lebt das ganze Jahr über, und sein Marktplatz mit den herrschaftlichen Platanen ist einen Stopp wert.**

Die Stadt ist romantisch wie ein Provencedorf, aber so lebendig wie die Côte d'Azur. Wanderwege führen zum *Col de Vence*, einem Pass, der wie in einer ausgestorbenen Mondlandschaft zu liegen scheint.

SIGHTSEEING

ALTSTADT

Vence kriegt sie alle: Wanderer, die sich an den mittelalterlichen Stadtmauern ausruhen, Radfahrer, die aus einem der drei Brunnen auf der *Place du Peyra* trinken, und Touristen, die in den schönen Geschäften stöbern. Das frühere *Schloss* an der Place du Frêne mit einer fast 500 Jahre alten Esche ist heute ein Museum mit Ausstellungen großer Maler der Moderne: *Château de Villeneuve (Fondation Emile Hugues | Di–So 10–12.30, 14–18, Juli/Aug. 10–18 Uhr | 7 Euro).* Marc Chagall hat der Kathedrale *Saint-Véran* mit ihrem Kirchenschiff aus dem 11. Jh., dem Chorgestühl aus dem 15. Jh. und der Fassade aus dem 19. Jh. ein sehenswertes Mosaik für das Baptisterium vermacht. Es stellt die Rettung Moses' aus dem Nil dar.

CHAPELLE DU ROSAIRE ★

Henri Matisse entwarf einst die Rosenkranzkapelle der Dominikanerinnen etwas außerhalb von Vence an der Straße zu dem eindrucksvollen Berg *(Baou)* von Saint-Jeannet und stattete sie auch aus. *Mo, Mi, Sa 14–17.30, Fr (nur in der Ferienzeit) 14–17.30, Di/Do 10–11.30 und 14–17.30, So zur Messe um 10 Uhr, Mitte Nov.–Mitte Dez. geschl. | 6 Euro | 446, Av. Henri Matisse*

ESSEN & TRINKEN

AUBERGE DES SEIGNEURS

Dieser traditionsreiche Gasthof aus dem 17. Jh. liegt am Schloss in der Altstadt. Die sechs Zimmer *(€€)* tragen jeweils die Namen berühmter Maler. *So, Mo geschl. | 1, Rue du Dr Binet | Tel. 04 93 58 04 24 | auberge-seigneurs.com | €€*

CHOCOLAT PARBONA

Hier gibt es ordentlich Schokolade auf die Hüften! In Patrices Geschäft können Pralinen-Maschinen bewundert und der passende Kakao direkt am

Auf Entdeckungstour in den alten Gassen von Saint-Paul-de-Vence

Tresen getrunken werden. Für Schokoladenjunkies das Allerbeste aber ist das sehr dunkle Schokoladeneis, das es nur im Sommer gibt. Wunderbar! *13–15 Uhr sowie So geschl. | 12, Av. Marcellin Maurel*

IDER-TIPP
chwarzes Eis probieren

SHOPPEN

Vence ist ein Zentrum für Kunsthandwerk mit exquisiten Galerien, aber auch sehr schönen Märkten *(Di–So morgens auf der Place du Grand-Jardin und der kleinen Place Surian).*

RUND UM VENCE

9 SAINT-PAUL-DE-VENCE

8 km/15 min von Vence (Auto)

Das niedliche Städtchen hat schon nichts ahnende Menschen zu Künstlern gemacht. Also, gucken was passiert auf der begehbaren Stadtmauer und in den engen Gassen. Heute gilt der Ort (3300 Ew.) als eine der exklusivsten Adressen der ganzen Côte d'Azur. Dazu beigetragen hat das legendäre Restaurant *La Colombe d'Or (tgl. | 1, Place du Général de Gaulle | Tel. 04 93 32 80 02 | la-colombe-dor.com | €€€)*. Ihm haben große Meister der Moderne wie Pablo Picasso und Georges Braque eine kostbare Kunstsammlung vermacht. Fast 20 Jahre lang hat Marc Chagall in dem Dorf gelebt. Eine perfekte Lage am Ortseingang hat das *Café de la Place (1, Place Général de Gaulle | Tel. 04 93 32 80 03 | €)* am großen Bouleplatz.

Hunderttausende Kunstliebhaber pilgerten seit 1964 in eins der schönsten Privatmuseen der Welt, die ★ *Fondation Maeght (tgl. 10–18, im Hochsommer bis 19 Uhr | 15 Euro | fondation-maeght.com)* (sprich: Maag) vor den Toren von Saint-Paul-de-Vence. Der katalonische Architekt Josep Lluis Sert entwarf für das Sammlerpaar Aimé und Marguerite Maeght mit Künstlern wie Joan Miró, Georges Braque, Alberto Giacometti und Marc Chagall den Bau aus hellem Beton und Backstein. Er fügt sich harmonisch in die mediterrane Landschaft ein. Im Freigelände werden große Skulpturen ausgestellt. Ins Gebäude locken eine riesige Sammlung der Moderne und jedes Jahr sehenswerte Wechselausstellungen. *07*

SCHÖNER SCHLAFEN IN NIZZA

DAS NONPLUSULTRA AN DER CÔTE D'AZUR

Das Hotel *Négresco (117 Zi. und Suiten | 37, Promenade des Anglais | Tel. 04 93 16 64 00 | hotel-negresco-nice.com)* an der Promenade des Anglais in Nizza bietet ausgesuchten Luxus im Stil der Belle Epoque; mit Fassaden, Glaskuppel und Baccaratlüster offiziell als historisches Baudenkmal eingestuft. Angeschlossen sind das Spitzenrestaurant *Le Chantecler (Mo, Di, Jan. geschl. | €€€)*, die Brasserie *La Rotonde (€€–€€€)* und die Bar *Le Relais (11.30–1 Uhr)* mit der aufgefrischten Dekoration von 1913.

CANNES & UMGEBUNG

UNTER GOLDENEN PALMEN

Die Trekkingsandalen dürfen im Koffer bleiben. Das kleine Schwarze passt in Cannes auch mittags, Anzug und polierte Schuhe sowieso: Hier kann man gar nicht overdressed sein.
Die glamouröse Stadt der Filmfestspiele lohnt sich schon allein fürs Schaulaufen. Und die Altstadt wirkt daneben so beschaulich, als könne man die ollen Sandalen doch wieder anziehen. Im Übrigen ist Cannes auch immer noch ein klassisches Strandbad – genauso wie das kleine Antibes. Und über den feinen Sand spaziert es sich noch

Prachtstraße Nr. 2 an der Côte d'Azur: der Boulevard de la Croisette in Cannes

immer am besten barfuß. Im stillen Hinterland der turbulenten Küstenstädte sorgt Grasse für herrliche Düfte. Ausführliche Informationen auch im MARCO POLO „Nizza/Cannes/Monaco".

CANNES & UMGEBUNG

MARCO POLO HIGHLIGHTS

★ **CAP D'ANTIBES**
Luxuspaläste und ein botanischer Garten auf der Halbinsel ➤ S. 79

★ **MUSÉE PICASSO**
Gemälde, Skulpturen und Keramiken in Antibes ➤ S. 79

★ **BOULEVARD DE LA CROISETTE**
Cannes' Antwort auf Nizzas Promenade des Anglais ➤ S. 72

★ **ÎLES DE LÉRINS**
Liköre und ein Meeresmuseum auf den Inseln vor Cannes ➤ S. 75

★ **VALLAURIS-GOLFE-JUAN**
Picassos „Mann mit Schaf" und mehr ➤ S. 76

★ **GRASSE**
Schnuppern in der Welthauptstadt des Parfums ➤ S. 81

La Colle-sur-Loup
2085
Roquefort-les-Pins
Villeneuve-Loubet
28 km, 33 Min.
Biot
A8
13 km, 20 Min.
A8
Musée Picasso
Antibes
S. 78
3 Vallauris-Golfe-Juan
2 Le Cannet
Vallauris
12 km, 10 Min.
Golfe-Juan
Juan-les-Pins 7
Plage du Ponteil
Plage de la Gallice
annes
.72
6007
Plage de
la Croisette
Cap d'Antibes
Plage Argent faux
Boulevard de la Croisette
1 Îles de Lérins
2 km
1.24 mi

CANNES

(▯ N8) **Vielleicht der Ort mit dem wichtigsten Teppich der Welt: Der ellenlange rote Läufer empfängt bei den jährlichen Filmfestspielen halb Hollywood und die Berliner und Pariser Stars noch dazu.**
Neben dem klobigen Festivalgebäude hat die Stadt (73 000 Ew.) aber eine erstaunlich beschauliche Altstadt zu bieten. Und die Bootstouren zu den vorgelagerten Inseln lassen allen manchmal anstrengenden Glamour vergessen.

WOHIN ZUERST?

Boulevard de la Croisette: Die Prachtstraße am Mittelmeerufer ist Ausgangspunkt für alle Spaziergänge in Cannes, sei es im Altstadtviertel Le Suquet oder am Festivalgebäude entlang des Meers. Die Tiefgarage *Parc du Palais (1, Blvd. de la Croisette | max. Höhe 1,80 m!)* ist die beste Anlaufstelle; in der Innenstadt sind Parkplätze Mangelware.

SIGHTSEEING

BOULEVARD DE LA CROISETTE ★

Am Prachtboulevard, der Croisette, gibt es fürs Damenoutfit kein Zuviel: Nirgendwo sind die High Heels höher. Das Gegenstück zur Promenade des Anglais in Nizza und wie sie bestückt mit Palmen, Palästen, Luxusgeschäften und Sonnenschirmen am Sandstrand in einer weiten Bucht. Am westlichen Ende vor dem Hafen das

Allée des Stars: Dafür macht sich jeder Schauspieler gern die Hände schmutzig

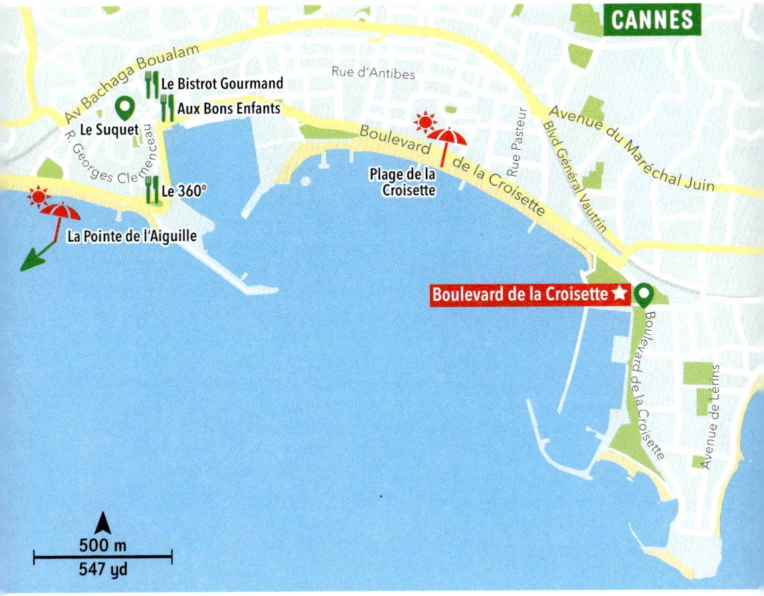

Festspielhaus (Palais des Festivals et des Congrès), ein 1983 eingeweihtes Betongebäude, in dem nicht nur im Mai die Filmfestspiele, sondern das ganze Jahr über Messen wie die Midem (für Musik) oder Miptv (für Fernsehen) organisiert werden. Gut 200 Filmstars haben ihre Handabdrücke in Betonplatten auf der *Allée des Stars* verewigt. Sehenswert sind die Fassaden der Hotelpaläste *Majestic, Carlton* und *Martinez*.

LE SUQUET

Das historische Zentrum von Cannes am Fuß des Mont Chevalier besteht aus nicht einmal zehn Straßen, die von der Rue Saint-Antoine hinauf zum *Kastell* führen. In diesem ist heute die archäologische Sammlung der Mönche von den Îles de Lérins untergebracht: *Musée de la Castre (Sept.–Mai Di–So 10–13, 14–18, sonst 10–13, 15–19 Uhr | 6 Euro | Wechselausstellungen im Sommer).*

ESSEN & TRINKEN

LE 360°

Das Restaurant auf der Terrasse des *Radisson Blu 1835* am Hafen bietet den schönsten Blick auf Cannes, das Meer und die Lérins-Inseln. Trotz Luxuslage vergleichsweise moderate Preise für klassisch mediterrane Küche. *1, Blvd. Jean Hibert | Tel. 04 92 99 73 20 | radissonblu.com | €€€*

LE BISTROT GOURMAND

Gleich neben der Markthalle von Forville nutzt Guillaume Arragon das fri-

Alles nur Bling-Bling in Cannes? Ach was, da kickt man auch ganz bodenständig am Strand

sche Angebot der Saison, um gute regionale Küche auf den Tisch zu bringen. *So-Abend, Mo geschl.* | *10, Rue du Docteur P. Gazagnaire* | *Tel. 04 81 69 02 36* | *bistrotgourmandcannes.fr* | *€-€€*

AUX BONS ENFANTS

Kleines, 1935 gegründetes Restaurant, das zwischen Croisette und Altstadt einfache regionale Gerichte auf altmodischem Geschirr serviert und seine ältere Stammkundschaft hegt und pflegt. Bezahlt wird bar, ein Telefon gibt es nicht. *So, Mo, Dez. geschl.* | *80, Rue Meynadier* | *€*

SHOPPEN

Das Angebot erfüllt exklusive Ansprüche. In der *Rue d'Antibes* sind alle große Marken der Mode vertreten. Feinkostgeschäfte *(traiteurs)* wie die Käsehandlung *Céneri & Fils* in der Rue Meynadier in der Fußgängerzone machen Appetit. Auf den Allées de la Liberté am Hafen ist jeden Morgen *Blumenmarkt,* samstags und sonntags werden dort die Stände für den *Trödel- und Antiquitätenmarkt* aufgebaut. Feinschmecker sind in der Markthalle des *Marché Forville (Di–So)* bestens aufgehoben.

STRÄNDE

Cannes schönster Strand säumt die Croisette. Die *Plage de la Croisette* bietet außer Badeplätzen großer Hotels inklusive Liegen auch öffentlich zugängliche, kostelose Abschnitte. Im westlichen Stadtteil La Bocca sind die Strände weniger überfüllt. Ein gefühlt karibischer Traumstrand ist *La Pointe de l'Aiguille* im 13 km entfernten Théoule-sur-Mer: kleine Bucht,

weißer Sand und türkises Meer vor grünen Hügeln.

SPORT & SPASS

Für Wassersport von Wasserski über Tretboot und Surfen bis zum Gleitschirmfliegen ist der *Majestic Ski Club (Blvd. de la Croisette | gegenüber vom Hotel Majestic | Tel. 04 92 98 77 47)* zuständig.
Während die Eltern an der Croisette nach Stars Ausschau halten, drehen die Kinder in den wie aus der Zeit gefallenen Karussells *Le Caroussel 1900* und *Cannes 2000* neben dem Filmpalast ihre Runden.

WELLNESS

Les Thermes Marins (47, Rue Georges Clémenceau | Tel. 04 92 99 50 10 | lesthermesmarins-cannes.com), ein modernes Zentrum für Thalassotherapie, hat auf 2700 m² Fläche im *Radisson Blu 1835* am alten Hafen mit direktem Zugang zum Meer eröffnet.

AUSGEHEN & FEIERN

Der einfachste Ausgehspaß in Cannes: Kleinen Fummel anziehen, Weinflasche schnappen und an der Croisette den Bands lauschen. Wer mehr Geld ausgeben möchte, geht in die zahlreichen Strandbars – oder in die angestammten Clubs wie *Le Bâoli (in der Hochsaison tgl. | Port Pierre Canto | Blvd. de la Croisette)* und *Vogue (Di–So ab 22 Uhr | 20, Rue du Suquet)*.

RUND UM CANNES

1 ÎLES DE LÉRINS ★

3 km/15 min von Cannes (Boot, alle 30 min)

Sind die Mönche echt? Wer von der Promenade in Cannes die zwanzig Minuten mit dem Boot nach *Saint-Honorat* übersetzt, wird sich wie in einer anderen Welt vorkommen. Weinberge, Mönche, die schweigen, und keine Autos. Die Zisterziensermönche auf der Insel, die tagsüber für Besucher geöffnet ist *(nur ein Lokal, eigenen Proviant und Trinkwasser mitnehmen | Société Planaria | 15,50 Euro | abbayedelerins.com)*, sind berühmt für ihre eigenen Weine und den Kräuterlikör *(lerina)*. Ein herrlicher Spaziergang (ca. 2 Std.) führt zum Wehrturm an der

Südspitze. Überfahrt täglich vom Quai Max Laubeuf in Cannes.

Größer als Saint-Honorat ist *Sainte-Marguerite* mit *botanischem Lehrpfad (Circuit Botanique et Naturaliste)* und dem *Musée de la Mer (April–Sept. Di–So 10.30–13.15, 14.15–17.45, Winter Di–So 10.30–13.15, 14.15–16.45 Uhr | 6 Euro)* mit archäologischer Sammlung und Nautikobjekten. Berühmt ist das *Fort Royal*, weil es im 17. Jh. den „Mann mit der eisernen Maske", dessen Identität nie geklärt wurde, als Gefangenen beherbergte. Auf der Insel gibt es einige (relativ teure) Restaurants, aber keine Übernachtungsmöglichkeit. Überfahrt *(Trans Côte d'Azur | 15 Min. | 13 Euro | trans-cote-azur.com)* täglich vom Hafen in Cannes. *N8*

2 LE CANNET

3 km/30 min von Cannes/Croisette (zu Fuß)

Das Städtchen (42 000 Ew.) auf den sieben Hügeln hat sich der 1867 in der Nähe von Paris geborene Maler Pierre Bonnard 1926 als Domizil ausgesucht und bis zu seinem Tod 1947 in der *Villa Le Bosquet* seine fruchtbarste Schaffensphase erlebt. Die Gemeinde, deren Markung im Norden direkt an Cannes grenzt, hat als Hommage an den Künstler ein ehemaliges Hotel und Polizeikommissariat von 1908 gekauft und zum *Musée Bonnard (Di–So 10–20 Uhr | 7 Euro | 16, Blvd. Sadi Carnot | museebonnard.fr)* umgebaut. Das Haus setzt auf Wechselausstellungen mit Vertretern der Postimpressionisten. Ein *Entdeckungspfad* auf den Spuren des Malers eröffnet in ca. 2 Std. am *Canal de la Siagne* Ausblicke auf Cannes, die Lérins-Inseln und das Esterel-Gebirge. *N8*

3 VALLAURIS-GOLFE-JUAN ★

6 km/15 min von Cannes über die Küstenstraße (Auto)

Wie Kunst zum Wirtschaftsfaktor werden kann, beweist Vallauris (mit Golfe-Juan 26 000 Ew.) in den sanften Hügeln 4 km östlich im Hinterland von Cannes. Pablo Picasso belebte nach 1946 mit seinen Keramikarbeiten das traditionelle, fast verschwundene Töpfergewerbe neu und schuf 1952 in einer unscheinbaren Kapelle mit *La Guerre et la Paix* (Krieg und Frieden) eins seiner Hauptwerke: *Musée National (Mi–Mo 10–12, 14–17, im Hochsommer bis 18 Uhr | 4 Euro | musee-picasso-vallauris.fr)*. Das Beispiel machte Schule; Picassos Werke sind auch im *Keramikmuseum (Musée Magnelli et Musée de la Céramique) (Mi–Mo 10–12 und 14–17, im Hochsommer bis 18 Uhr | 4 Euro | im Schloss Vallauris)* zu sehen, das auch die Werke des Malers Alberto Magnelli (1888–1971) zeigt. *N8*

4 MOUGINS

7 km/15 min von Cannes (Auto), 20 min im Palmbus

Wie aus dem Bilderbuch präsentiert sich die Altstadt mit schnuckeligen Häuschen und lauschigen Plätzen. Mougins (20 000 Ew.) war einst größer als Cannes. Heute ist der Ferienort ein Mekka für Feinschmecker. Star der Gastroszene ist David Chauvac im *Le Mas Candille (46 Zi. | Restaurant im*

Winter So–Di geschl. | Blvd. Clément Rebouffel | Tel. 04 92 28 43 43 | lemas candille.com | €€€), der wie Denis Fétisson im Restaurant *L'Amandier (48, Av. Jean-Charles Mallet | Tel. 04 93 90 91 | amandier.fr | €€–€€€)* Kochkurse anbietet. Weitere Restaurants im Dorf stellen sich in die Tradition von Altmeister Roger Vergé, der als Erfinder der mediterranen Küche gilt. Mougins beherbergt im *Musée d'Art Classique (tgl. 10–18, im Hochsommer bis 20 Uhr | 12 Euro | 32, Rue du Commandeur | mouginsmusee.com)* eine Privatsammlung mit Kunst von römischen Statuen, antiken Waffen, Klassikern wie Henri Matisse bis hin zu Zeitgenossen wie Damien Hirst. Gratis ist der Besuch im *Museum des Künstlers Maurice Gottlob (tgl. 10–12.30, 14–18, im Hochsommer bis 19 Uhr | 1, Place du Commandant Lamy)*, der sich 1924 in Südfrankreich als Heimatmaler und Dichter niederließ. *N7*

5 MOUANS-SARTOUX

10 km/25 min von Cannes (Auto), 20 min (Zug)

Liebe Grünen-Wählerinnen und -Wähler, hier ist eure Stadt! Während die meisten Dörfer an der Côte d'Azur doch sehr konservativ regiert werden, hat Mouans-Sartoux einen grünen Bürgermeister. Seitdem säumen unzählige Bioläden die Dorfstraßen, vier Landwirte bauen Gemüse für die Schulkantinen an, und Familien versuchen, keinen Müll zu produzieren. Und: Jeden Herbst findet das Buch-Fest *Festival du Livre* statt, dort stellen Autorinnen und Autoren aus der ganzen Welt ihre Bücher in weißen Zelten vor. Unbedingt herumschlendern. *N7*

INSIDER-TIPP
In die Welt der Bücher eintauchen

Bestseller: Picasso half Vallauris' Keramikhandwerk auf die Sprünge

6 MANDELIEU-LA-NAPOULE

10 km/30 min von Cannes über die Küstenstraße (Auto)

Natur oder Stadt? Wer sich nicht entscheiden kann, wohnt in Mandelieu-la-Napoule (21 000 Ew.). Dort locken tiefrote Felsen zum Wandern und das tiefblaue Meer zum Baden.

Keine Postkartenidylle: Im Hafen von Antibes liefern die Fischer noch immer ihre Ware an

Sehenswert im großen Yachthafen (2000 Plätze für Segelboote) ist das *Schloss* mit schönem Garten, das der amerikanische Bildhauer Henry Clews (1876–1937) im Mittelalterstil wieder aufbaute. In dem darin untergebrachten *Museé Henry Clews (Feb.–Anfang Nov. tgl. 10–18, Winter Sa/So 10–17, wochentags 14–17 Uhr | 6 Euro mit Führung | chateau-lanapoule.com)* sind im Sommer Ausstellungen amerikanischer Künstler zu sehen, die von der Clews-Stiftung ein Stipendium bekommen haben. *M–N8*

ANTIBES

(O8) **Antibes (74 000 Ew.) ist so schnuckelig, dass jeder zuerst die Immobilienpreise anguckt, um sich vielleicht doch eine kleine Wohnung nahe der Altstadt leisten zu können. Aber Pustekuchen: Die Stadt gilt als eine der teuersten in Frankreich.**

Die steinernen Häuser der Altstadt sind von Wein umrankt, daneben liegt ein Picasso-Museum von Weltrang und die Sandstrände zum Surfen auf dem Cap d'Antibes – einfach genial.

SIGHTSEEING

ALTSTADT

Noch ist ein Teil der Festungsmauern *(remparts)* erhalten, die das alte Antibes *(Vieil Antibes)* vor Übergriffen aus Nizza schützten. Die *Porte Marine* war über Jahrhunderte hinweg der einzige Zugang zum Hafen. Nur ein paar Schritte weiter, an der Place du

Révèly, sind die *Chapelle du Saint-Esprit*, die *Kathedrale* und vor allem das alte *Grimaldi-Schloss*, heute Picasso-Museum, schöne Zeugen der Vergangenheit.

Eine Attraktion ist der *überdachte Marktplatz* auf dem Cours Masséna. Die kleine *Rue du Bas-Castelet* mit den blumengeschmückten Häuschen führt durch den *Safranier*, den Freistaat in der Stadt, der seit 1966 seinen eigenen Bürgermeister hat. Vom Festungsturm *Bastion Saint-André* gelangst du zurück zum kleinen, windgeschützten Strand *La Gravette* am alten Hafen.

MUSÉE PICASSO ★

Der Mann mit dem Ringelshirt, den vielen Verflossenen und den tausend Gemälden ist der Star in Antibes: Picasso hat 1945 in der Stadt ein Atelier eröffnet, und heute ehrt ihn an derselben Stelle, im ehemaligen *Grimaldi-Schloss*, ein tolles Museum. Unbedingt zum Sonnenuntergang einen kleinen Piccolo einschleusen und auf der Terrasse anstoßen, auf die tollen Skulpturen von Germaine Richter und dem Ehepaar Anne und Patrick Poirier, die dort stehen, auf den Meeresblick und das Leben. Im Haus besticht der Saal, der Nicolas de Staël gewidmet ist. Werke von Alexander Calder, Fernand Léger, Amadeo Modigliani, Max Ernst und Hans Hartung machen das Museum zu einer bedeutenden Kunstadresse an der Côte d'Azur. *Tgl. 10–12 und 14–18, im Hochsommer Di–So 10–18, Juli/Aug. Mi und Fr bis 20 Uhr | 6 Euro | Place Mariejol*

CAP D'ANTIBES ★

Luxusvillen mit prächtigen Gärten neben unscheinbaren Ferienhäuschen. Der *Pilgerweg (Chemin du Calvaire)* führt zur *Chapelle de la Garoupe (tgl. 9.30–12, 14.30–19, im Winter bis 17 Uhr)* mit ihren Votivtafeln von Seeleuten. Daneben steht der *Leuchtturm Garoupe*, dessen Aussichtsplattform ein einzigartiges Panorama bietet.

Mitten auf der Halbinsel versteckt sich der 4 ha große *Jardin Thuret (Mo–Fr 8–18, im Winter 8.30–17.30 Uhr | Eintritt frei)*, in dem Gustave Thuret 1857 die ersten Palmen und Eukalyptusbäume der Côte d'Azur ansiedelte. Außen herum führt ein Küstenwanderweg bis zur *Villa Eilenroc (Sept.–Juni Di, Mi, Sa 9–17 Uhr | Eintritt frei)* mit schönem Park. Charles Garnier entwarf die Villa 1867 für einen reichen Holländer. Eilenroc ist ein gutes Beispiel dafür, dass das Cap trotz Immobilienspekulation einen eigenständigen Charakter und viel Charme bewahrt.

ESSEN & TRINKEN

LE BISTROT DU CURÉ

Wasser und Brot musst du im „Bistrot des Pfarrers" natürlich nicht essen. Einfach bleibt es trotzdem, aber einfach lecker: Käseplatte, Zwiebelkuchen, Obstsalat. Das alles unter schattigen Platanen, direkt neben der Kirche. *Im Sommer tgl. 10–20.30, ab Mitte Sept. Di–So 11.30–18 Uhr | Plateau de La Garoupe/Route du Phare | auf dem Cap d'Antibes | Tel. 04 93 61 35 87 | lebistrotducure.fr | €*

FLEUR DE THÉ

Eigentlich haben es die Franzosen nicht so mit Kuchencafés, aber dieses ist eine Ausnahme, mitten in der Altstadt. Statt deutscher Buttercreme werden hier natürlich französische Macarons serviert – also zwei Baisergebäckhälften und in der Mitte, na klar – Buttercreme. Obendrauf gibt es noch wechselnde Ausstellungen. Und mittags Quiche und Salate. *Di–So 8.30–18.30 Uhr | 19, Rue de Revennes | Tel. 06 73 66 90 19 | €€*

STRÄNDE

Antibes Stadtstrand ist die *Plage de la Gavrette* hinterm Hafen gleich außerhalb der Stadtmauer. Die kleine geschützte Sandbucht ist zwar oft rappelvoll, eignet sich aber bestens für die kurze Badepause vom Sightseeing. Die *Plage du Ponteil*, von der Altstadt aus Richtung Cap d'Antibes gelegen, hat ebenso feinen Sand wie die noch bekanntere *Plage de la Salis*, ist aber dafür weit genug von der Straße entfernt – also ruhig. Wer links guckt, sieht die Altstadt, nach rechts das Cap – alles Wunderbare von Antibes auf einen Blick.

Der beste Strand von Juan-les-Pins? Schwer zu sagen, schließlich besteht diese Stadt fast nur aus feinen Sandstränden. Trotzdem ist die *Plage de la Gallice* im Osten der Stadt besonders empfehlenswert – komplett öffentlich und weniger überlaufen.

Rund um das Cap d'Antibes liegen schöne Badebuchten wie die kleine *Plage de la Garoupe (kostenlose Parkplätze!)* oder die winzige *Plage Argent faux*, in der man über eine Betonplattform ins türkisfarbene Meer steigt, und die nur zu Fuß über den Küstenwanderweg zu erreichen ist.

WELLNESS

Das *Institut Thalazur (770, Chemin des Moyennes Bréguières | Tel. 04 92 91 82 02 | thalazur.fr)* in Antibes, eins der größten Zentren für Thalassotherapie der Küste, bietet auch Behandlungen mit Biokosmetik.

AUSGEHEN & FEIERN

Antibes und Juan-les-Pins haben viele Cafés und Bars, die im Sommer bis spät in die Nacht geöffnet sind. Einer der größten Vergnügungstempel ist *La Siesta (im Sommer tgl. 10–4 Uhr | 2000, Route du bord de mer | Richtung Nizza)* mit Kasino und mehreren Tanzflächen.

RUND UM ANTIBES

7 JUAN-LES-PINS

3 km/8 min von Antibes (Auto)

Sonnen, schlemmen, chillen, sich zeigen: Juan-les-Pins ist DER Ort für Menschen, die baden und sich braun brutzeln lassen wollen. Sandstrände, Bikinibuden und Cocktails zur Happy Hour garantiert. Am Abend isst man in einem der Strandlokale mit den Füßen im Sand.

Vor dem Zweiten Weltkrieg war das Seebad ein Tummelplatz für reiche Amerikaner. Sie brachten den Jazz nach Europa, und Juan-les-Pins wurde nach 1945 zum Zentrum des Swing. Seit 1959 wird hier im *Pinède Gould* alljährlich im Juli das renommierte Festival *Jazz à Juan* abgehalten. *O8*

GRASSE

(*M7*) Nase auf und durch: Wer in ★ Grasse (51 000 Ew.) nicht zum Duftfan wird, ist selber schuld. Rosenfelder, Lilienhaine und Maiglöckchen wachsen vor den Toren der Stadt, die kein bisschen schickimicki ist.

Einst florierte hier die Lederindustrie – und weil die Lederhandschuhe nicht besonders gut rochen, parfümierte man sie. Die Gegend um Grasse besitzt ein für Blumen und Kräuter besonders günstiges Mikroklima. So lag es nahe, die Düfte selbst herzustellen. In den engen Gassen und unter den Arkaden der Altstadt mit zum Teil fünfgeschossigen Häusern ist der italienische Einfluss unverkennbar. Die Stadt war lange mit der Genueser Republik verbunden.

Ausruhen unterm Jugendstildach – ganz ohne Fischgeruch: Place de la Poissonnerie in Grasse

SIGHTSEEING

ALTSTADT

Ocker, Gelb, Rosa und Blau, das sind die dominierenden Farben der Häuser in Grasse. Der Spaziergang durch die Altstadt führt vom Kongresszentrum an der Place du Cours (große Tiefgarage) über die Rue Jean Ossola zur Kathedrale *Notre-Dame-du-Puy*. Das Gotteshaus, eine Mischung aus Mittelalter und Rokoko, beherbergt Gemälde von Peter Paul Rubens, ein Triptychon von Louis Bréa und das einzige Bild religiösen Inhalts von Jean-Honoré Fragonard. Über den Bischofspalast geht es hinunter zur schönen *Place aux Herbes* mit ihren bunten Häusern und hinüber zur *Place aux Aires*, einst für die Gerber reserviert, heute der Marktplatz von Grasse (tgl. Blumen- und Gemüsemarkt). Sehenswert ist dort die Fassade des *Hôtel Isnard* aus dem 18. Jh.

MUSÉE INTERNATIONAL DE LA PARFUMERIE

In dem riesigen Museum kann einem schwindlig vor lauter Düften werden: Nach einem Rundgang, der immer wieder durch die Stadtmauern führt, haben Besucher dutzende Aromen in der Nase. Grasse will keinen Zweifel daran lassen, die internationale Hauptstadt des Parfums zu sein und baute das Museum auf 3500 m² und in fünf Gebäuden mit 5000 Exponaten. *Im Sommer tgl. 10–19, sonst Mi–Mo 10.30–17.30 Uhr | 4 Euro | 2, Blvd. du Jeu de Ballon | museesdegrasse.com*

MUSÉE D'ART ET D'HISTOIRE DE PROVENCE

Das prächtig ausgestattete Völkerkundemuseum liegt im eleganten Palais der Marquise de Clapiers-Cabris aus dem 18. Jh. *Im Sommer tgl. 10–19, sonst Mi–Mo 10.30–17.30 Uhr | Eintritt frei | 2, Rue Mirabeau | museesdegrasse.com*

PARFUMFABRIKEN

Die großen drei Parfumhersteller, *Fragonard (20, Blvd. Fragonard | Tel. 04 93 36 44 65 | fragonard.com)*, *Galimard (73, Route de Cannes | Tel. 04 93 09 20 00 | galimard.com)* und *Molinard (60, Blvd. Victor Hugo | Tel. 04 93 36 01 62 | molinard.com)*, bieten Gratisführungen *(Sommer 9–18.30, Winter 9–12.30 und 14–18 Uhr)* an, z. T. in deutscher Sprache. Profis brauchen zwei Jahre, um einen neuen Duft zu kreieren. Im *Studio des Fragrances (5, Route de Pégomas | Tel. 04 93 09 20 00)* von Galimard mischst du in einem zweistündigen, hochinteressanten Workshop ein exklusives Parfum unter fachkundiger Anleitung *(auch in deutscher Sprache | ab 45 Euro)* gleich zum Mitnehmen. Die Zusammenstellung wird für eventuelle Nachbestellungen im Haus gespeichert.

ESSEN & TRINKEN

LA BASTIDE SAINT-ANTOINE

Jacques Chibois hat das Landgut mit Meerblick im Süden von Grasse zu einem Sterne-Gourmettempel ausgebaut. *Tgl. | 48, Av. Henri Dunant | Tel. 04 93 70 94 94 | jacques-chibois.com | €€€*

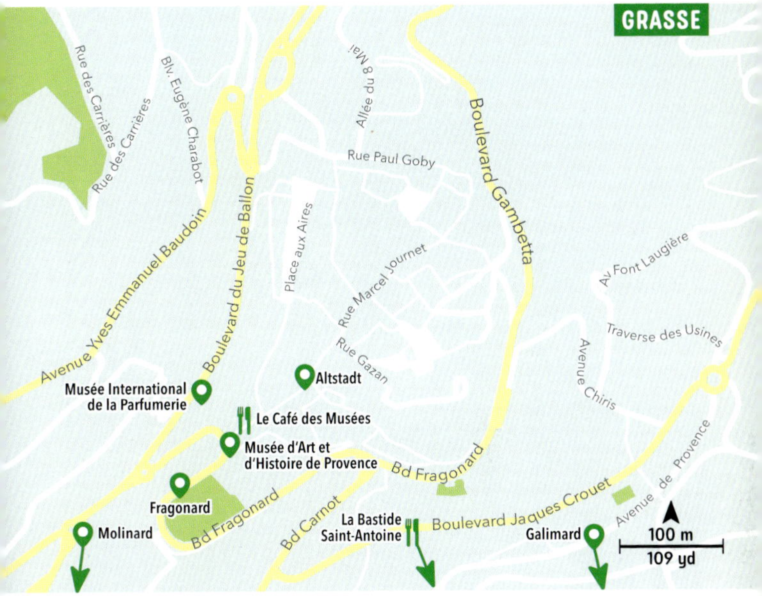

LE CAFÉ DES MUSÉES

Wenn es um ein Mittagessen geht, ist das kleine Café mit einer Miniterrasse gleich neben dem Musée International de la Parfumerie eine sichere Bank mit provenzalischen Spezialitäten, frischen Salaten und Gemüsekuchen. *So und abends geschl. | 1, Rue Jean Ossole | Tel. 04 92 60 99 00 | €*

SHOPPEN

Kauf Parfum! Abgesehen von den drei großen Duftherstellern *Fragonard*, *Galimard* und *Molinard*, sind auch *Guy Bouchara (14, Rue Marcel Journet)* und *Fleuron de Grasse (190, Route de Pégomas)* empfehlenswert.
Außerdem reihen sich an den Altstadtgassen von Grasse eine Menge kleiner Lädchen auf, in denen das Stöbern nach passenden Reisemitbringseln durchaus lohnt.

RUND UM GRASSE

8 GOURDON

15 km/25 min von Grasse (Auto)
In atemberaubender Lage thront das alte Sarazenendorf (400 Ew.) 758 m über dem Loup auf einem Felsvorsprung. Die Festung ist in Privatbesitz und nicht zu besichtigen. Das Felsendorf ist ein Kunsthandwerkszentrum und beherbergt die *Boutique La Source Parfumée (Rue principale | Tel. 04 93 09 68 23 | galimard.com)* der Parfumfabrik Galimard. N6

DIE WESTLICHE KÜSTE

MEER VOR GLÜHENDEM GEBIRGE

Zu Sonnenaufgang ockerrot, mittags signalrot und abends karminrot: Das Esterel-Gebirge westlich von Cannes ist soooo schön und soooo rot. Wer dort hineinwandert, braucht im Hochsommer einen Kanister Trinkwasser: Die Felsen reflektieren das Sonnenlicht und machen jeden Spaziergang zu einer wüstenheißen Tour. Dafür führen alle Wege in eine Bucht zum Baden und Abkühlen.
Heute darf niemand mehr in die roten Felsen bauen, aber bis zum Küstenschutzgesetz wuchsen schon viele Hotels und Pensionen. Zur

Bucht in Rot-Grün-Blau an der Corniche de l'Esterel

Hochsaison sind die Straßen voll, aber auf dem Küstenwanderweg ist immer genug Platz.

Der westliche Teil der Côte d'Azur hat seinen Aufschwung dem Massentourismus zu verdanken. Mit allen Sonnen- und Schattenseiten: einer sehr guten Infrastruktur an Hotels und Restaurants, aber auch Verkehrsstaus im Sommer und einer Zersiedelung der Landschaft, die längst nicht mehr auf die Küste beschränkt ist.

DIE WESTLICHE KÜSTE

MARCO POLO HIGHLIGHTS

★ **GROUPE EPISCOPAL**
Provenzalische Frühgotik in Fréjus
➤ S. 88

★ **MASSIF DE L'ESTEREL**
Farbenspiel: roter Fels, blaues Meer, grüne Kiefern ➤ S. 91

★ **ÎLES D'OR**
Inseln, die ihren Namen zu Recht tragen
➤ S. 101

★ **CORNICHE DES MAURES**
Buchten, Strände und Berge ➤ S. 98

★ **SAINT-TROPEZ**
Wo sich der Jetset trifft. ➤ S. 91

★ **MUSÉE DE L'ANNONCIADE**
Pointillismus in einer Kapelle von Saint-Tropez ➤ S. 93

★ **PORT-GRIMAUD**
Mustergültige Feriensiedlung mit künstlichen Kanälen und Bootsparkplätzen ➤ S. 96

★ **RAMATUELLE**
Festungsdorf mit Traumstränden ➤ S. 95

FRÉJUS/ SAINT-RAPHAËL

(🕮 L-M9) **Sind die beiden Römerstädte Saint-Raphaël und Fréjus nun zwei oder eins, eins oder zwei? Egal, beide haben gleich schöne Strandkasinos, Sandstrände und idyllische Bouleplätze unter schattigen Platanen. Und kommen mit zusammen knapp 86 000 Einwohnern an die Größe von Cannes heran.**

Früher stand Saint-Raphaël immer im Schatten von Fréjus (52 000 Ew.), zu Römerzeiten ein wichtiger Hafen und im Mittelalter ein blühender Bischofssitz. Heute ist es fast schade, wie sehr die beiden historischen Zentren auf die gleichen Standardvergnügen inklusive der obligatorischen Bikinishops und Eisdielen setzen. Aber die nahen roten Berghügel und feinen Strände machen dies wieder wett.

SIGHTSEEING

GROUPE EPISCOPAL ★

Direkt in der mittelalterlichen Stadt ist das Domviertel von Fréjus ein schönes Beispiel für die provenzalische Frühgotik. Die Fundamente der *Taufkapelle (Baptistère)* stammen aus dem 5. Jh. und zählen zu den ältesten Kirchenbauten Frankreichs. Die *Kathedrale* aus dem 12. Jh. beherbergt ein Altarbild der Sainte-Marguerite von Jacques Durandi. Sehenswert: der doppelstöckig gebaute *Kreuzgang (Cloître)* mit Garten und Brunnen. Im *Bischofspalast* residiert heute die Stadtverwaltung. *Mitte Mai–Mitte Aug. tgl. 9–18.30, sonst Di–So 9–12, 14–17 Uhr | 5,50 Euro | 58, Rue de Fleury*

ARÈNES DE FRÉJUS

Die Ruinen der alten Römerstadt liegen übers ganze Stadtgebiet verteilt. Besonders gut erhalten ist das Amphitheater, das im Sommer bei Stierkämpfen *(corrida)* oder Popkonzerten 10 000 Zuschauern Platz bietet. *Di–So 9.30–12.30, 14–18, im Winter Di, Mi, Fr, Sa 9.30–12, 14–16.30 Uhr | 2 Euro*

ESSEN & TRINKEN

BRASSERIE TRADITION ET GOURMANDISE

Mitten im Zentrum ein Restaurant, das vor allem mittags preisgünstige provenzalische Küche auf einer hübschen Terrasse anbietet. *So geschl. | 6, Av. de Valescure | Saint-Raphaël | Tel. 04 94 95 25 00 | labrasserietg.fr | €–€€*

LE MÉROU ARDENT

Im „Feurigen Zackenbarsch", einem netten Restaurant mit großer Terrasse am Strand von Fréjus, gibt es hauptsächlich Fisch nach klassischen Rezepten. *Hochsommer Sa-, Mo- und Do-Mittag geschl., sonst Mi, Do geschl. | 157, Blvd. la Libération | Tel. 04 94 17 30 58 | €€*

SHOPPEN

Der große *Markt* mit Lebensmitteln, Kleidern, Antiquitäten und Krimskrams sonntags auf den *Boulevards d'Alger*

Spendet Schatten und schafft Abstand zum Strandtrubel: der gotische Kreuzgang in Fréjus

und *de la Libération* in Fréjus zieht das ganze Umland an; mittwochs und samstags gibt es zudem einen kleinen *Markt* im historischen Zentrum. Saint-Raphaël hält seinen *Lebensmittelmarkt* Di–So auf der *Place de la République* und der *Place Victor Hugo* ab, der *Fischmarkt* ist tgl. ab 7.30 Uhr bis mittags im alten Hafen geöffnet.

SPORT & SPASS

In Fréjus' neuem Hafen gibt es das internationale Tauchzentrum *CIP de Port-Fréjus (April–Dez. | Aire de carénage | Tel. 04 94 52 34 99 | cip-frejus.com)*, das Tauchtaufen und Ausflüge organisiert. Auf einem Ex-Militärgelände hat die Stadt Fréjus einen 80 ha großen Park, die *Base Nature (im Hochsommer tgl. 8–20, sonst 14–18 Uhr | gratis | Blvd. de la Mer)*, direkt am Meer mit Rad- und Wanderwegen, Skatepark und Kinderspielplätzen angelegt. Wenn Sand und Meer nicht mehr genug sind: Das *Aqualand Fréjus (Juni, Sept. tgl. 10–18, Juli/Aug. bis 19 Uhr | 28 Euro, Kinder 5–10 Jahre 21,50, 3–4 Jahre 10,50 Euro)* mit Rutschen von klein bis sehr hoch und sehr gewunden ist eins der größten Spaßbäder der Region an der RN 98 bei Fréjus.

STRÄNDE

Kilometerlange Strände säumen die Küste von Saint-Raphaël bis Fréjus. Mit 800 m ist der *Strand von Saint-Aygulf*, südwestlich von Fréjus, nicht nur einer der längsten der Region, sondern vor allem für Sportler interessant: Hier weht es besonders

Der Küstenwanderpfad zum Leuchturm am Cap du Dramont beschert dramatische Ausblicke

zuverlässig für Surfer und Kitesurfer. Die Strände östlich von Saint-Raphaël im roten Esterel-Gebirge sind bezaubernd, besonders der *Strand von Agay* lohnt sich – eine windstille Bucht, nur wenige Meter vom Bahnhof Agay gelegen und von Palmen links und rechts gesäumt. Folgt man dem Küstenweg weiter in östlicher oder westlicher Richtung, reihen sich dort kleine, idylische Badebuchten aneinander.

WELLNESS

Im Feriendorf Cap Esterel öffnet das Wellnesszentrum *Esterel Forme (Agay | Tel. 04 94 82 52 34 | esterel-forme.com)* auch für externe Gäste Bäder, Hamam und Massageräume.

FESTE

FESTIVAL DER WINDVÖGEL

Jedes Jahr im Oktober gucken alle Menschen in Fréjus nach oben: Die schönsten, größten, buntesten und komischsten Windvögel steigen dann in den Himmel! Auf der ehemaligen Militärbasis im Westen der Stadt – Richtung Saint-Tropez – findet das *Festival International de l'Air de Fréjus* statt. Mehr als 100 Teilnehmer aus meist mehr als 20 Ländern lassen ihre Ungetüme in die Luft steigen. Kostenlos zu bestaunen.

INSIDER-TIPP Wieder warm werden

Auf dem Gelände gibt es auch besonders leckere Waffeln zu essen und kleine nette Cafés zum Aufwärmen, falls der Wind mal zu stark bläst. *short.travel/cot22*

AUSGEHEN & FEIERN

Saint-Raphaël besitzt ein Spielkasino, Bars und Liveclubs wie den *Coco Club* im Hafen Santa Lucia, Fréjus Diskos wie *L'Odyssée (Blvd. de la Libération)*, die im Hochsommer jeden Abend geöffnet sind.

RUND UM FRÉJUS/ SAINT-RAPHAËL

1 MASSIF DE L'ESTEREL ★

10 km/10 min von Fréjus (Auto) oder an der Küste entlang zu Fuß das Gebirge erkunden

Roter Porphyr, grüne Kiefern, türkisfarbenes Meer und blauer Himmel – die Gegend um das Massif de l'Esterel (nordöstlich von Fréjus) mit ihren pachtvollen Kontrasten ist einfach wunderschön. Tiefe Schluchten durchziehen das Gebirge mit dem 618 m hohen *Mont Vinaigre* bis ans Meer, wo die Wellen an Klippen aus Vulkangestein brechen. Die herrlichen Wanderwege zum *Pic du Cap Roux* (452 m) oder dem *Pic de l'Ours* (496 m) sind v. a. im Frühling und Herbst zu empfehlen, wenn die Macchia blüht. *M8–9*

2 CAP DU DRAMONT

12 km/25 min von Fréjus (Auto), 12 min (Zug)

An dieser Felsnase beginnt die *Corniche d'Or* von Saint-Raphaël nach Cannes. Sehr schön ist die Wanderung *(2 Std. hin und zurück)* auf dem Küstenwanderpfad vom Wassersportzentrum am Strand von Dramont mit dem Denkmal zur Erinnerung an die Landung der US-Truppen 1944 hinüber zum Leuchtturm und der kreisrunden Bucht Camp Long. *M9*

SAINT-TROPEZ

(L10) **Überraschung: ★ Saint-Tropez ist eine winzige Stadt! Weil die vielen Jetsetter und Yachtfahrer die Hafenstadt weltberühmt machten, stellen sich die meisten Saint-Tropez als größeres Zentrum vor. Von wegen, nur rund 5000 Menschen leben dort. Berühmt wurde es trotzdem, einfach weil so viele Schöne und Reiche nicht irren können: Saint-Tropez liegt in einer geschützten Bucht, auf den umliegenden Hügeln wird Wein angebaut und die Sandstrände sind vom Feinsten.**

Das kleine Saint-Tropez, das vom 15.–17. Jh. gar eine eigenständige Republik war, wurde im Gefolge der Pariser Schickeria und vor allem nach Roger Vadims in der Bucht von La Ponche gedrehtem Film „Und ewig lockt das Weib" mit Brigitte Bardot zum Treffpunkt des internationalen Jetsets an der Riviera. Inzwischen treffen sich Paris Hilton, Madonna und Bono vor allem im Sommer nur noch in den exklusiven Clubs. In die Stadt reisen dann täglich 80 000 Touristen und finden große Motoryachten im Hafen, gepfefferte Preise und lauten Trubel in den Diskos. In den Restaurants liegen Prospekte, in denen ein Eigner für seine Yachten in Dubai wirbt, eine Boutique preist maßgeschneiderte Sonnenbrillen an. Kurz: Die Dollars von Ölscheichs, Musikstars und Börsenmaklern überschwemmen die Stadt.

Deshalb kommen die wahren Kenner nach der Saison. Denn wenn die Ferien erst einmal vorbei sind, erwacht Saint-Tropez zu seiner alten Schönheit. Dann spielen die Einheimischen wieder in aller Ruhe ihre Partie *Pétanque* auf der *Place des Lices*.

INSIDER-TIPP
Anreisen, wenn die anderen weg sind

Und natürlich: Die Strände. Mit karibisch weißem Sand und stahlblauem Meer und den in den Dünen versteckten Clubs mit Namen wie *Tahiti* oder *Aloha*. Einer hat es besonders weit gebracht: Der *Club 55*. Dort trinken Bono von U2 und andere Rockstars gerne ihren Champagner. Das Besondere: Der Chef, Patrice de Colmont, hat vor ein paar Jahren Ackerland in den Hügeln von Saint-Tropez erworben und baut seitdem Gemüse und Wein für seine Gäste an. Der Bauernhof mit den blauen Fensterläden und den Sonnenblumen zwischen den Tomatenpflanzen ist ein duftender und sehr stiller Ort. Was angebaut wird, passt zur Tageskarte vom Club 55: Hier wachsen Minze für den beliebten Mojito-Cocktail, Erdbeeren für Strawberry Daiquiris und Tomaten und Auberginen für die Sommersalate.

Künftig will de Colmont die Felder mit Pferden bestellen lassen, damit die schweren Maschinen nicht den Boden zusammenstauchen und die für die Pflanzen so wichtigen Würmer erdrücken. Klingt wie aus einem anderen Jahrhundert, ist aber die Zukunft der biologischen Landwirtschaft. Und die wird, spannenderweise, gerade neben den High-Society-Bars ausprobiert. Also: Sparbüchse knacken und dank umweltschonenden PS einen Biosalat im Club 55 essen. Es geht auch schon ab 20 Euro los.

INSIDER-TIPP
Mit gutem Gewissen klotzen

Für einen Ausflug nach Saint-Tropez solltest du im Sommer nicht das Auto nehmen. Miete dir ein Fahrrad und strample von einfach mit Bussen anzusteuernden Orten wie Sainte-Maxime aus den gut ausgebauten, flachen Radweg an der Küste entlang. Dauert eine gute Stunde und kostet damit weniger Zeit, als sich im ewigen Stau über die einzige Zufahrtstraße zu quälen. Spart auch Nerven und Parkhaus-Euros.

SIGHTSEEING

ALTSTADT

Reizvoll ist der Spaziergang durch die Altstadt zur Kirche mit ihrem Turm in

kräftigen Ockerfarben, zum Marktplatz *(Place aux Herbes)* und hinauf zur Zitadelle mit schönem Blick auf das Städtchen und den Golf von Saint-Tropez.

HAFEN

Der Herz von Saint-Tropez schlägt am Meer, auch wenn im Sommer vor lauter Yachten das Wasser kaum mehr zu sehen ist. Der Hafen ist selbst außerhalb der Hochsaison Treffpunkt des internationalen Publikums, das sich auf dem roten Gestühl des *Sénéquier* niederlässt, eins der berühmtesten Cafés der Welt.

MUSÉE DE L'ANNONCIADE ★

Eins der schönsten Kunstmuseen Frankreichs liegt in einer ehemaligen Kapelle direkt am Hafen von Saint-Tropez. Zu sehen sind Meisterwerke von Paul Signac und Georges Seurat, aber auch Arbeiten von Henri Matisse, Kees van Dongen, Albert Marquet und Henri Manguin. *Mi–Mo 10–13, 14–18 Uhr | 5 Euro | 2, Rue de l'Annonciade*

ESSEN & TRINKEN

LE GIRELIER

Am Hafen erlebt die alte Fischerhütte mit Spezialitäten aus dem Meer ihren zweiten Frühling. *Nov.–Mitte März geschl. | Quai Jean Jaurès | Tel. 04 94 97 03 87 | legirelier.fr | €€–€€€*

LA TABLE DU MARCHÉ

Christophe Leroy, eine schillernde Figur im Jetset von Saint-Tropez, ist mit seinem Bistrot, den kleinen Häppchen, ganzen Mahlzeiten und asiatischen Spezialitäten in die Gassen zwischen Hafen und Kirche umgezogen. *11, Rue des Commerçants | Tel. 04 94 97 01 25 | christophe-leroy.com | €–€€*

Wenn die Dämmerung alles weichzeichnet: Abendstimmung im Hafen von Saint-Tropez

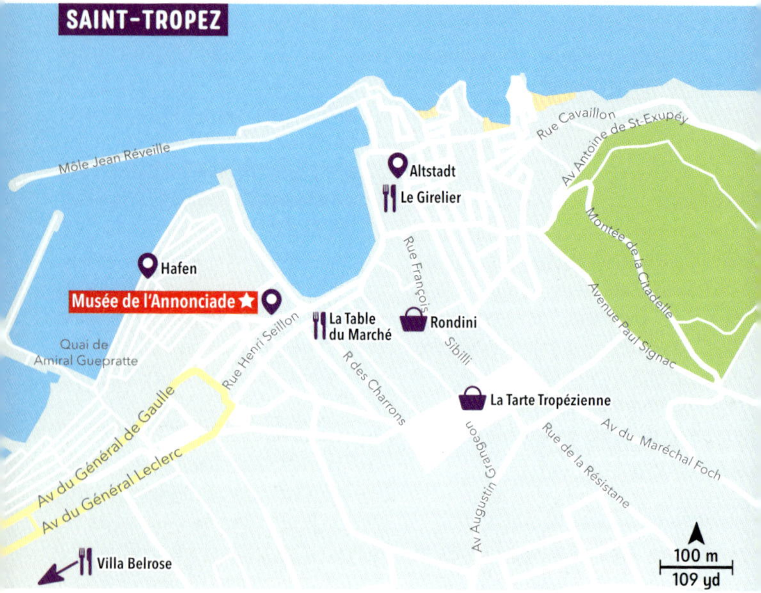

VILLA BELROSE

Das Spitzenrestaurant mit Küchenchef Thierry Thiercelin liegt auf einem Hügel von Gassin mit atemberaubender Sicht auf den Golf von Saint-Tropez. *Ende Okt.–März geschl. | Blvd. des Crètes | Gassin | Tel. 04 94 55 97 97 | villa-belrose.com | €€€*

SHOPPEN

In den Geschäften warten alle Luxusmarken dieser Welt. Und ein paar sehr typische für das weltbekannte Dorf.

RONDINI

Seit 1927 werden in der Rue Clémenceau die legendären flachen Riemchensandalen aus Leder verkauft, die inzwischen vermutlich jeder kennt – die *sandales tropéziennes*. Ein Paar der Klassiker kostet rund 150 Euro. *18–18 bis Rue Georges Clémenceau | rondini.fr*

LA TARTE TROPÉZIENNE

Auf nicht ganz so viele Jahre, aber immerhin auch mehr als 60 kommt die zweite lokale Spezialität – eine flache, süße Torte, mit kalorienreicher Creme gefüllt und Hagelzucker bestreut. Im Geschäft selben Namens (mit Café) von 1955 bilden sich gern lange Schlangen vor den appetitlichen Auslagen. *Place des Lices | latartetropezienne.fr*

STRÄNDE

Saint-Tropez' schönste Strände liegen auf dem Gebiet von Ramatuelle. Die *Plage de Pampelonne* ist wohl so etwas wie der französische Südsee-Traum: Pinienwälder, 7 km feinster Sand, türkisblaues Meer. Im Sommer ist er ein Spektakel: Die Yachten stauen sich und Paparazzi liegen mit riesigen Objektiven auf der Lauer, um reiche Stars im Bikini abzulichent.

Der private *Nikki Beach (Route de l'Epi)* etwas weiter nördlich eignet für alle Menschen, die gerne Gala lesen: Pompös bis hin zu den riesigen Gebäck-Etageren auf blütenweißen Tischdecken. Die ständigen Animationen und Poolpartys ziehen so viele Menschen an, dass in zwei Runden geluncht werden muss. Günstiger und leiser ist es am öffentlichen Strand, drei Fußminuten entfernt.

AUSGEHEN & FEIERN

Nirgendwo sonst in Frankreich gibt es, gemessen an der Einwohnerzahl, so viele Diskos und Clubs. Treffpunkt für Jetset, Stars und Models sind *Les Caves du Roy (Av. Maréchal Foch)* im Hotel Le Byblos.

RUND UM SAINT-TROPEZ

3 RAMATUELLE ★

10 km/15 min von Saint-Tropez (Auto)

Mit seinen Häusern, die sich um einen Hügel winden, ist Ramatuelle (2300 Ew.) mitten auf der Halbinsel ein typisches provenzalisches Festungsdorf. Als Erinnerung an den Schauspieler Gérard Philipe (1922–59) wird jeden Sommer ein *Theaterfestival* organisiert. Zu Ramatuelle gehören die legendären *Strände* der Halbinsel wie die *Plage de Pampelonne* mit dem Urvater aller Strandclubs, dem in den 1950er-Jahren gegründeten *Club 55 (43, Blvd. Patch)*, dem *Key West Beach (Blvd. Patch)* oder dem *Nikki Beach (Route de l'Epi)*. Nicht so toll: Clubbesitzer kämpfen dagegen, die Naturschutzzone auszuweiten und ihre Strände zu verkleinern. Langfristig

La Tarte Tropézienne mit gertenschlanken Kundinnen. Aber wer isst bloß die Torten?

Schaut der Herbst um die Ecke, ist es Zeit die Maronen zu feiern

aber werden ein paar Matratzen weniger in der Bucht liegen und dafür wieder mehr Vögel nisten können.

Auf einem Hügel zwischen Ramatuelle und dem hübschen, aber ebenfalls sehr vom Tourismus geprägten Dorf *Gassin* bietet die *Aussichtsplattform* oberhalb der Mühlen *Les Moulins de Paillas* einen beeindruckenden Blick auf Meer, Halbinsel und Massif des Maures. *L11*

4 PORT-GRIMAUD ★

7 km/12 min von Saint-Tropez (Auto)

Ein Feriendorf aus der Retorte mit Kanälen, Brücken und bunten Häusern. François Spoerry verwirklichte 1966 in einem Sumpfgebiet in der Bucht von Saint-Tropez ein Konzept für umweltverträglichen Tourismus. Ein seltenes Beispiel dafür, wie sich Neubauten nicht unbedingt störend in die Landschaft einfügen. Und wo gibt es sonst noch kleine Häfen mit Kanälen, in denen die Bewohner ihr Boot direkt vor der Haustür parken können? Die Patina der Jahre tut dem Ort gut. Besucher müssen ihr Auto auf einem Parkplatz nördlich abstellen. *K10*

5 SAINTE-MAXIME

15 km/50 min von Saint-Tropez (Auto, im Sommer), 15 min (Boot)

Die alte Fischersiedlung liegt Saint-Tropez gegenüber auf der anderen Seite des Golfs. Sie hat sich zu einem hübschen, das ganze Jahr über lebendigen Badeort (14 000 Ew.) entwickelt, der eine Alternative zum permanent überlaufenen und teuren Jetset-Treffpunkt ist. Wer den Dauerstau der Uferstraße nach Saint-Tropez vermeiden will, setzt mit dem Schiff über: *Transports Maritimes MMG (April–Okt. | hin und zurück 13,50 Euro | bateauxverts.com). L10*

MASSIF DES MAURES

(H–K 9–11) **Wer gerne Räuber und Gendarm spielt, sollte ins Massif des Maures gehen: Sein dichter Wald aus Eichen-, Kastanien- und Korkeichen ist wie geschaffen zum Versteckspielen.**

Früher fanden Diebe und Kleinkriminelle hier Unterschlupf – heute können Besucher sorglos auf den höchsten Gipfel wandern und dort das Franziskanerkloster *Notre-Dame-des-Anges* besuchen. Von hier blickt man weit über die Berge und das Meer. Der Name des Gebirgszugs bedeutet in provenzalischer Sprache „düsterer Wald".

ORTE IM MASSIF DES MAURES

6 GRIMAUD

Unterhalb der Ruine des Schlosses der Grimaldi-Fürsten (11. Jh.) mit herrlichem Ausblick kannst du eins der schönsten Dörfer im Mauren-Massiv mit schattigen Plätzen und engen Gässchen kennenlernen. Die Familie Girard hat sich in über 50 Jahren mit ihrem Restaurant *Les Santons (So-Abend, Mo, Mi geschl. | 743, Route Nationale | Tel. 04 94 43 21 02 | restaurant-les-santons.fr | €€€)* einen guten Ruf bei Feinschmeckern der Region erkocht. *K10*

7 LA GARDE-FREINET

Der einstige Schlupfwinkel der Sarazenen ist heute ein hübscher Ferienort (1800 Ew.), umgeben von Korkeichen- und Kastanienwäldern. Idealer Startpunkt für Ausflüge im Massif des Maures. Schöner Blick auf das Dorf von den Ruinen der alten Burg (45 Min. zu Fuß). La Garde-Freinet ist das Tor zur Nordflanke des Massif des Maures. Auf dem Weg durch Korkeichenwälder zum *Schildkrötendorf Gonfaron* liegt 14 km westlich das *Weingut Domaine de la Fouquette (April–Okt. geöffnet | 1, Route de Gonfaron | Tel. 04 94 73 08 45 | domainedelafouquette.com)* mit Bauernhof in idyllischer Ruhe. Nach Reservierung gibt es Abendessen *(€€)*, bei dem fast ausschließlich Hofprodukte und eigener Wein serviert werden. *K10*

8 COLLOBRIÈRES

Körbe in die Hand nehmen und auf zur Maronenernte: Nirgendwo schmecken die braunen Baumfrüchte leckerer als in Collobrières (1700 Ew.). Weil die Menschen früher von Korkeichen und eben Maronen lebten, verwandeln sie sich hier traditionell in Konfekt, Konfitüre und Kuchen. Zum Beispiel in der *Confiserie Azuréenne (Blvd. Koenig | confiserieazureenne.com)*. Im hübschen Lokal *La Petite Fontaine (So-Abend, Mo geschl. | 1, Place de la République | Tel. 04 94 48 00 12 | €–€€)* kocht man typische Gerichte der Region. Unbedingt reservieren. *J10*

9 BORMES-LES-MIMOSAS

Die im Februar gelb blühenden Mimosen haben dem Dorf (7100 Ew.) 1968 seinen Beinamen gegeben. Der Ort hoch auf der ersten Kette des Massif des Maures ist mit seinen steilen Gassen, unzähligen Blumenbeeten und einer verschwenderischen Vegetation mit Eukalyptus, Oleander und Zypressen eine Augenweide. Zur Gemeinde gehören aber auch 17 km Strände rund um das knapp 10 km entfernte *Fort Brégançon*, seit 1968 offizielle Residenz der französischen Staatspräsidenten. Die *Plage de l'Estagnol* ist ein Topstrand für Familien: Die Pinien spenden Schatten und ersparen umständliche Sonnen-

schirme, und das Wasser fällt in der Lagune relativ flach ab – ideal, um Kinder unbesorgt spielen zu lassen. Einziger Wermutstropfen – 10 Euro Parkgebühren.
Das Gourmetrestaurant des Dorfs betreibt Gil Renard mit *La Tonnelle (Juli/ Aug. mittags, sonst Mi und Mitte Nov.–Mitte Dez. geschl. | Place Gambetta | Tel. 04 94 71 34 84 | la-tonnelle-bormes.com | €€)*, eine sichere Bank bleibt *Lou Portaou (im Sommer nur abends geöffnet, Mo ganz, Di-abends geschl. | 1, Cubert des Poètes | Tel. 04 94 64 86 37 | €€)* im Mittelalter-Ambiente mit einer Terrasse unter Steingewölbe. *J11*

10 LE LAVANDOU

Der Aufstieg des Orts zum Touristenzentrum ist bezeichnend für die Entwicklung der Region. Als vor fast 100 Jahren der deutsche Schriftsteller Walter Hasenclever nach Le Lavandou kam, war er dort noch der einzige Fremde. Heute hat der Ort (5800 Ew.) 100 000 Urlaubsgäste, mehr als drei Dutzend Hotels, viele Campingplätze und ist begehrt wegen seiner Strände *Aiguebelle, Cap Nègre, Pramousquier, Layet* und *Rossignol*. Im Winter wird der frühere Fischerhafen von Bormes-les-Mimosas wieder zur Geisterstadt. *J11*

11 CORNICHE DES MAURES ★

25 km/36 min vom Start in Le Lavandou bis La Croix-Valmer (Auto)

Von Le Lavandou aus führt die D 559 mit schönen Ausblicken immer am Meer entlang östlich nach *Cavalière* und zum vorm Mistral geschützten Sandstrand zwischen der Pointe du Layet und dem Cap Nègre. Ca. 6 km weiter ist in der von einem Pariser Bankier 1910 angelegten *Domaine du Rayol (im Sommer Di–So 9.30–12.30 u. 14.30–18.30, im Winter Di–So 9.30–12.30 u. 14–17.30 Uhr | 10,50 Euro | domainedurayol.org)* ein botanischer Lehrpfad durch Gärten mit Bäumen, Büschen und Kakteen aus der ganzen Welt ausgewiesen. Clou ist im Sommer der *Unterwasserlehrpfad (Sentier Sous-Marin)* in der Bucht von Le Rayol. Über den Ferienort Cavalaire-sur-Mer führt die Straße bis nach *La Croix-Valmer* mit seinem Strand *Gigaro*. *J–K11*

SPORT & SPASS

Im Mauren-Massiv gibt es etliche Wanderwege wie den GR 90 von Collobrières zu der von Ordensschwestern bewohnten *Kartause La Verne (Mi–Mo 11–18, im Winter 11–17 Uhr, Jan. geschl. | 6 Euro)*, deren Gebäude größtenteils aus dem 17. und 18. Jh. stammen. Auch für Radfahrer sind Strecken ausgeschildert.

HYÈRES-LES-PALMIERS

(H11–12) **Palmen, Palmen, überall Palmen. Hyères (56 000 Ew.), der südlichste und älteste Badeort an**

der Côte d'Azur, hat die Bäume sogar in den Namen aufgenommen. Das antike Olbia, von den Griechen am Meer gegründet, zog im Mittelalter auf einen Hügel landeinwärts. Engländer, Iren und Amerikaner entdeckten die Stadt als Ferienort im 19. Jh., die kilometerlangen Strände wurden erst im 20. Jh. angelegt. Die hübsche *Altstadt* mit Renaissancetoren und Templerordenturm *(Tour Saint-Blaise)* aus dem 13. Jh. ist durch den Flughafen von dem Strandbad Hyères-Plage getrennt.

SIGHTSEEING

VILLA NOAILLES

Die Villa Noailles, das Haus der Kunstfreunde Marie-Laure und Charles de Noailles, ist seit den 1920er-Jahren ein Symbol für moderne Architektur an der Küste. Man Ray drehte hier seinen ersten Film, Alberto Giacometti, Luis Buñuel und Jean Cocteau waren Gäste. Im April gibt es hier ein Mode- und Fotofestival, im Sommer werden Haus und Garten für Wechselausstellungen *(im Hochsommer Mi–So 10–12, 16–19, sonst Mi–So 10–12, 14–17 Uhr | Montée de Noailles | villanoailles-hyeres.com)* genutzt. Von der Villa führt ein Fußweg auf einen Hügel zu den Ruinen des *Château d'Hyères* mit tollem Panoramablick.

JARDIN OLBIUS-RIQUIER

Palmen und Kakteen, Gewächshäuser, ein Freigehege für Tiere und ein See. *Im Sommer tgl. 7.30–20, im Winter bis 17 Uhr | Eintritt frei | Av. A. Thomas*

Bald hundert Jahre alt und noch immer Inbegriff des Modernen: Villa und Garten Noailles

Auf der Goldinsel Port-Cros kannst du nicht nur am, sondern auch unter Wasser wandern

ESSEN & TRINKEN

LA COLOMBE

Mediterrane Küche, im Sommer mit schöner Terrasse im Innenhof, 2,5 km westlich. *Juli/Aug. Mo, Di-Mittag, Sa-Mittag geschl., sonst Sa-Mittag, So-Abend und Mo geschl. | 663, Route de Toulon | Tel. 04 94 35 35 16 | restaurantlacolombe.com | €€–€€€*

LE DÉSIRÉ

Kleines Restaurant in der Nähe des Rathauses, das Mittelmeerküche auf schön dekorierten Tellern anbietet. *Mi, Sa-Mittag und So-Abend geschl. | 13, Rue Crivelli | Tel. 04 94 20 27 38 | €–€€*

LES OMBRELLES

Ein deutscher Koch serviert an der Straße von Hyères nach Giens nur 50 m vom Strand liebevoll zubereitete provenzalische Mahlzeiten zum günstigen Preis. Mit Biergarten. *Tgl. ab 19 Uhr | Quartier de la Capte | Tel. 04 94 01 31 72 | €–€€*

STRÄNDE

Viele Strände bei Hyères finden sich auf der Halbinsel Giens, etwa die bei Surfern beliebte, lange *Plage de l'Almanarre*, die die Ostseite des *tombolo* säumt. Lauschiger wird es entlang des Küstenwanderwegs ums äußere Ende der Halbinsel, wo hübsche Strände in kleinen Felsbuchten liegen. Am schönsten ist die *Plage du Pradeau*, weil sie nur zu Fuß zu erreichen ist – kein Autolärm, keine Abgase. In den Küstenwanderweg entweder von Port Augier aus oder südlich direkt von La Tour Fondue einsteigen.

AUSGEHEN & FEIERN

Außer dem Spielkasino in der Altstadt gibt es einige Diskos wie *Le Pink (Mo–Mi geschl. | 85, Av. de l'Arrogante | am Strand von La Capte)* oder *One Again (Mi, Fr–So ab Mitternacht | 494, Rue Nicéphore Niepce | am Flughafen).*

RUND UM HYÈRES-LES-PALMIERS

12 ÎLES D'OR ★

20 km/20 min von Hyères-les-Palmiers per Auto zur Tour Fondue, dann Fähre (30 min) auf die Inseln

Wer den Film „Willkommen bei den Sch'tis" gesehen hat, der weiß: Alle Franzosen träumen davon, auf der paradiesischen Insel *Porquerolles* zu arbeiten. Sie gehört wie *Port-Cros* und *Levant* zu den Hyerischen Inseln oder Îles d'Or, den „Goldinseln", die Teil des Massif des Maures sind und deren Klippen allesamt golden schimmern. *Porquerolles* ist Naturschutzgebiet mit Botanikzentrum, Park und Weinbergen. Die Insel (7 km lang, 3 km breit) lässt sich gut zu Fuß (v. a. der 1,5 Std. lange Spaziergang vom Hafen zum Leuchtturm im Süden lohnt) oder mit dem Rad erobern (Radverleih im Dorf Porquerolles). Einen Badestopp lohnt die baumbestandene *Plage d'Argent* im Norden mit ihrem weißen Sand. Der *Mas du Langoustier (Okt.–Mitte April geschl. | 3,5 km westl. vom Hafen | Tel. 04 94 58 30 09 | langoustier.com | €€€)* bietet zwei Restaurants. Einer der ersten Nationalparks in Frankreich war 1963 die kaum besiedelte Insel *Port-Cros* mit 600 m breitem Küstengewässerstreifen. Der Schutz hat die Schönheit der 4 km langen und 2,5 km breiten Insel bewahrt. Schöne Wanderwege ins Tal der Einsamkeit *(Vallon de la Solitude)*, ein Pflanzenlehrpfad *(Sentier Botanique)* und der erste Unterwasserweg für Schnorchler *(Sentier Sous-Marin)* an der *Plage de la Palud*.

Schiffsverbindungen nach Porquerolles (20 Min.) werden von *La Tour Fondue (Gare Maritime | Tel. 04 94 58 21 81 | tlv-tvm.com | 19,50 Euro)* auf der Halbinsel Giens angeboten, nach Port-Cros vom Hafen von Hyères *(Port d'Hyères | Tel. 04 94 57 44 07 | tlv-tvm.com | 28,10 Euro).* H–K12

13 GIENS

15 km/25 min von Hyères (Auto)

Zwei 4 km lange, schmale Sandstreifen *(tombolo)* verbinden die ehemalige Insel Giens mit dem Festland. Die Lagune dazwischen war bis 1996 ein Salzgarten, heute ist das Areal geschützter Lebensraum vor allem für Vögel. Das Küstenschutzamt kämpft für den Erhalt des empfindlichen ökologischen Gleichgewichts, das von der Erosion des westlichen Sandstreifens bedroht ist. Auf der Halbinsel liegt das Dorf Giens mit dem kleinen Hafen

Schiffe zählen. Oder Kräne. Oder nur die Aussicht genießen aus der Seilbahn zum Mont Faron

Port de Niel. Von der Burgruine hast du eine schöne Aussicht auf Inseln und Festland. Einer der schönsten Abschnitte des Küstenwanderwegs im Département Var führt vom kleinen Hafen La Madrague im Westen der Halbinsel zur Plage de l'Arbousière. Die 6,5 km bewältigen geübte Wanderer in gut 2 Std. *H12*

TOULON

(F–G11) **Die beeindruckendsten, die größten und die hässlichsten Schiffe des Mittelmeers liegen in Toulon: Der Hafen kann riesige Frachtschiffe aufnehmen, ist aber ansonsten hübsch. Hier findet sich kein Jetset, dafür erschwingliche Märkte und Restaurants mit frisch gefangenen Tintenfischen.**

WOHIN ZUERST?

Hafen: Die Hafenpromenade zeigt die Schokoladenseite Toulons an der schönen Bucht. Auf der anderen Straßenseite liegt die hübsche Altstadt mit ihren Gassen und Plätzen. Das Parkhaus am Stadion und Einkaufszentrum *Mayol (Blvd. Dutasta | 1,90 m max. Höhe!)* ist zu Fuß von Hafen und Altstadt aus leicht zu erreichen; der eher kleine Parkplatz *Le Port* schaut direkt aufs Meer.

Die im Zweiten Weltkrieg halb zerstörte Altstadt von Toulon, Hauptstadt des Départements Var (170 000 Ew.), wird inzwischen saniert. Die z. T. künstlich angelegten *Strände von Mourillon* mit Grünanlagen, Sport- und Spielplätzen, Bars und Restaurants locken nicht nur Einheimische.

SIGHTSEEING

ALTSTADT UND HAFEN

Die Strandpromenade am Quai Cronstadt mit ihren Restaurants und Cafés erstrahlt in neuem Glanz. Große Teile der Altstadt nördlich des Hafens sind heute Fußgängerzonen mit lauschigen Plätzen wie die *Place Raimu* mit ihren Kartenspielern aus Bronze, die *Place Victor Hugo* mit dem Theater aus dem 19. Jh., die *Place Ledeau* im Zentrum oder der *Cours Lafayette* mit provenzalischem *Markt (Di–So-Morgen).*

MONT FARON

584 m über dem Meer liegt die Spitze des Kalkfelsens mit einem grandiosen Blick über die gesamte Bucht von Toulon. Eine Seilbahn bringt dich vom Boulevard Amiral Vence *(Bus Nr. 40)* auf den Berg hinauf *(Mo und bei starkem Wind geschl. | 7 Euro).* Obendrauf zeichnet ein *Museum (Di–So 10–12 und 14–17.30 Uhr | 4 Euro)* die Geschichte der Alliierten-Landung im August 1944 nach. Und es gibt dort einen *Zoo (tgl. 10–18.30, im Winter bis 17.30 Uhr | 9 Euro, Kombiticket Zoo/Seilbahn 14 Euro)*, der für die Aufzucht von Raubtieren angelegt ist.

MUSÉE DU VAR

Das Naturkundemuseum – in einem schönen Park nordöstlich des Zentrums gelegen – versteht sich als historische Wanderung durch die Tier- und Pflanzenlandschaft der Region: Heimische Dinosaurier-Eier, das Gezwitscher von Vögeln aus Toulon und Kräutersammlungen aus dem 17. Jh. können bewundert werden. *Di–So 9–18, im Winter bis 17 Uhr | Eintritt frei | Jardin départemental du Las*

ESSEN & TRINKEN

MARCHÉ DU COURS LAFAYETTE

Bestes Fingerfood bekommst du auf dem Markt auf dem Cours Lafayette. Die Atmosphäre ist berauschend. Und lecker, zum Beispiel die *cade*, eine Waffel aus Kichererbsenmehl, oder *chichi frégie*, ein ziemlich fettiges, aber dafür umso zarteres Spritzgebäck. *Di–So 7.30–12.30 Uhr*

AU SOURD

Seit über 150 Jahren eine Institution in der Altstadt von Toulon mit Fischspezialitäten. *So, Mo geschl. | 10, Rue Molière | Tel. 04 94 92 28 52 | ausourd.com | €€*

RUND UM TOULON

14 LE PRADET

10 km/20 min von Toulon (Auto)

Die Kleinstadt (11 000 Ew.) bietet fünf schöne *Badestrände – Pin de Galle, Monaco, Bonnettes, Garonne* und *Oursinières –* , die über einen Küstenwanderweg miteinander verbunden sind. An der Südspitze wurde in einer alten Kupfermine das schöne *Musée de la Mine de Cap-Garonne (in den Schulferien tgl. 14–17, Juli/Aug. 14–17.30 Uhr, sonst Mi, Sa, So 14–17 Uhr | 6,50 Euro | mine-capgaronne.fr)* eingerichtet, ein Mineralkundemuseum. *G11*

DAS HINTERLAND

DAS BESCHEIDENE HIGHLIGHT

Machos an der Côte d'Azur sagen: Je weiter man ins Hinterland fährt, desto bäuerlicher werden die Frauen. So bescheuert der Spruch ist: Im *arrière-pays* tauschen Frauen Stöckelschuhe gegen Wanderstiefel, und vernünftig ernährte Bäuerinnen ersetzen die magersüchtigen Models der Küste. Ziegenhirten, Olivenbauern und Aussteiger finden in der unberührten Natur ihren Traum.

Touristen brauchen 90 Minuten von den Stränden auf 2000 m hohe Berge. Die sind im Sommer kühl, im Winter verschneit, aber immer

Wo die Felsen den Fluss freigeben: Lac de Ste-Croix am Ausgang der Verdon-Schlucht

überwältigend wild. Die Dörfer scheinen mit der Côte d'Azur allenfalls die Sprache gemein zu haben. Hier spielen Bouleplätze und die örtliche Brasserie die Hauptrolle. Weil jahrzehntelang kaum neu gebaut wurde, bewahrten sich die Orte ihren ursprünglichen Charakter mit den einfachen Steinhäusern. Flüsse wie Estéron, Loup und Verdon schufen auf dem Weg von den Alpen zur Mittelmeerküste tiefe Schluchten, die zum Canyoning, Kajakfahren und Extremklettern einladen, aber auch zu langen Wanderungen mit atemberaubenden Ausblicken.

DAS HINTERLAND

MARCO POLO HIGHLIGHTS

★ **SAORGE**
Ein Hauch von Tibet im Tal der Roya
➤ S. 109

★ **VALLÉE DES MERVEILLES**
Tal der Wunder und Geheimnisse: Uralte Felszeichnungen im Nationalpark Mercantour ➤ S. 108

★ **GORGES DE LA VÉSUBIE**
Ein Fluss gräbt sich durch buntes Gestein im Hinterland von Nizza. ➤ S. 110

★ **GORGES DU VERDON**
Eine der tiefsten Schluchten Europas
➤ S. 113

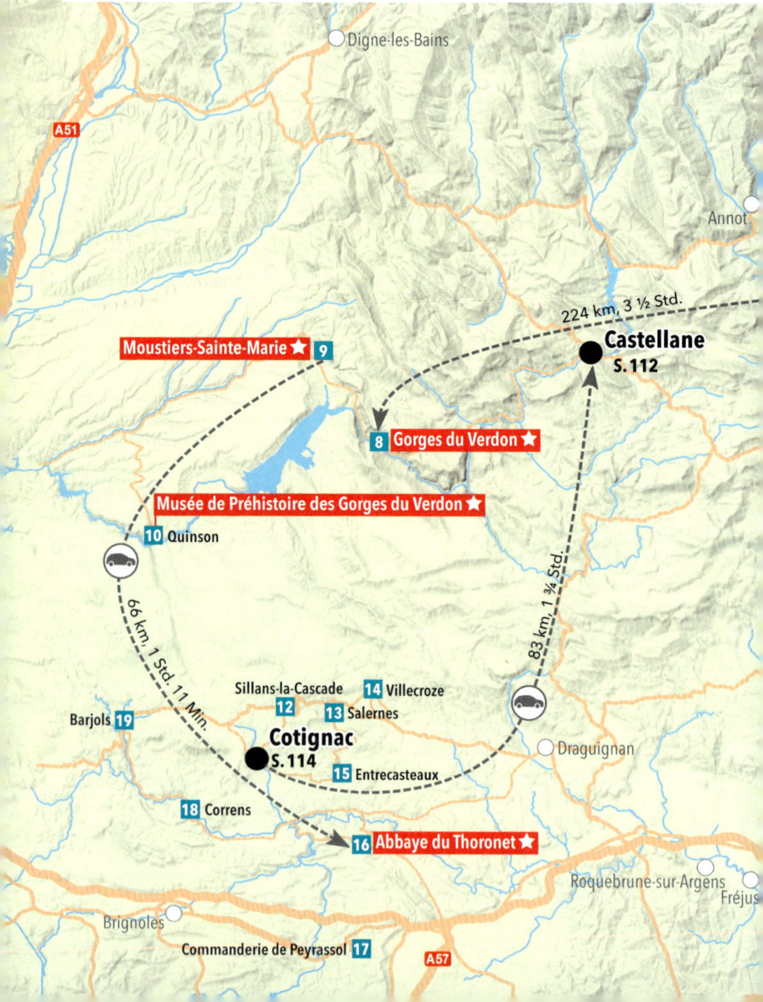

★ **MOUSTIERS-SAINTE-MARIE**
Fayencedorf mit silbernem Stern ➤ S. 113

★ **MUSÉE DE PRÉHISTOIRE DES GORGES DU VERDON**
Auf den Spuren der Menschheit im Museum von Quinson ➤ S. 114

★ **ABBAYE DU THORONET**
Meisterwerk provenzalischer Romanik ➤ S. 117

★ **TRAIN DES PIGNES**
Im legendären „Pinienzapfenzug" mit viel Dampf über 33 Brücken ➤ S. 111

LES ALPES MARITIMES

(🕮 M–Q 2–6) **Vom Meer mit Strand und Palmen sind es keine 50 km bis zu den Seealpen (Alpes Maritimes) mit Gipfeln über 3000 m.** Das Hochgebirge im Hinterland von Nizza und Monaco mit Flusstälern von Vésubie, Bévéra und Roya sorgt für die extremsten Kontraste an der Côte d'Azur.

ZIELE IN DEN ALPES MARITIMES

1 PARC NATIONAL DU MERCANTOUR

Dort oben, rund um den *Mont Bégo*, der mit seinen 2873 m Höhe zwar nicht der höchste Gipfel, aber der „heilige" Berg des Mercantour ist, sagen sich nicht nur Hase und Fuchs, Adler und Steinbock, sondern seit 1992 auch Wölfe gute Nacht – zur Freude der Naturschützer, aber zum Ärger der Schafhirten. Ein 1,2 km langer Spaziergang mit lauter spielerischen Informationen führt durch den *Wolfspark Alpha (Sommer und während der frz. Ferien tgl 10–17, letzter Einlass 15 Uhr, sonst Sa/So 10–17 Uhr, Nov.–Weihnachten geschl. | 12 Euro, Kinder 4–12 Jahre 10 Euro | Le Boréon Saint-Martin-Vésubie | short.travel/cot8 | 🕮 P3).*

Seit 1979 ist das 685 km² große Gebiet des Mercantour-Nationalparks von Sospel im Süden, der italienischen Grenze im Norden und dem Col d'Allos im Westen Frankreichs jüngster Nationalpark, der sehr eng mit dem italienischen *Parco delle Alpi Marittime* zusammenarbeitet. Der Park hat mehr als 600 km Wanderwege ausgeschildert, es gibt ein gutes Dutzend Schutzhütten (in der Hochsaison reservieren!) in der immer noch weitgehend unberührten Landschaft. Auskunft: *Les Iris | Rue K. Serrurier | Saint-Martin-Vésubie | Tel. 04 93 03 23 15 | mercantour.eu.*

Infos und Tourenvorschläge halten auch die *Maisons Du Parc* vor, etwa in *Saint-Etienne-de-Tinée (Quartier de l'Ardon | Tel. 04 93 02 42 27), Valberg (Le Ciastel | Maison Valberganne | Tel. 04 93 02 58 23)* und *Tende (103, Av. du 16 septembre 1947 | Tel. 0 4 93 04 67 00). 🕮 M–Q 2–5*

2 VALLÉE DES MERVEILLES ★

Noch immer nicht gelöst ist das Rätsel der über 40 000 *Felszeichnungen* im „Tal der Wunder" am Fuß des Mont Bégo im Parc National du Mercantour. Die in den Stein geritzten Bilder, z. B. der „Hexenmeister" *(sorcier)*, sind zwar seit dem 17. Jh. bekannt, wurden aber erst im 20. Jh. systematisch erforscht. Ein Großteil der Werke soll aus der Bronzezeit zwischen 2800 und 1300 v. Chr. stammen. Die Felszeichnungen abseits der großen Wanderwege wie dem GR 52 sind oft nur in Begleitung erfahrener Wanderführer zu entdecken. Auskunft bei *Association des Guides, Accompagnateurs et Amis des Alpes Méridionales (Bureau de la Haute Vésubie | Saint-Martin-Vésubie | Tel. 04 93 03 26 60)* oder beim *Parc National du Mercantour.* Den Wundern am Mont Bégo ist das

Das volle barocke Prachtprogramm ist in der Pfarrkirche von Saorge zu sehen

☂ *Musée des Merveilles (Hochsommer tgl. 10–18.30, Mai, Juni, Okt. Mi–Mo 10–18.30, Winter Mi–Mo 10–17 Uhr | Eintritt frei | Av. du 16 septembre 1947 | Tende | museedesmerveilles.com)* mit 1000 m² Ausstellungsfläche gewidmet.

Ausflüge ins Vallée des Merveilles organisiert das Hotel *Le Mirval (18 Zi. | Nov.–März geschl. | 3, Rue Vincent Ferrier | Tel. 04 93 04 63 71 | lemirval.com | €)* in *La Brigue,* einem Dorf, das mit dem Marktplatz vor der Stiftskirche Saint-Martin seine italienischen Ursprünge bewahrt hat. 4 km außerhalb in einem idyllischen Seitental mit Quellen, die schon in der Antike bekannt waren, ist die Kapelle *Notre-Dame-des-Fontaines (Mai–Okt. tgl. 10–12.30, 14–17.30 Uhr | 3 Euro | labrigue.fr)* mit den Wandmalereien der piemontesischen Maler Giovanni Baleison und Giovanni Canavesio aus dem 15. Jh. eine wirkliche Kostbarkeit. *P–Q4*

3 SAORGE ★

Saorge ist das Hippiedorf der Côte d'Azur: Biokekse, Bauern mit Dreadlocks und die höchsten Wahlergebnisse für linke Kandidaten. Die kleine *Épicerie* bietet selbst gemachten biologischen Haferkuchen an, viele Männer tragen Bärte und manchmal auch Babys im Trageschal, die Frauen haben bunte Tücher im Haar und schwielige Hände vom Gemüsebeetumgraben. Die lokalen Honigsorten lassen sich in der kommunalen *Miellerie (tgl. 14–18 Uhr | Place Ciapane | Tel. 04 93 04 55 38)* kosten und kaufen. Der *Chataîgne*-Honig soll jeden Schnupfen besiegen.

INSIDER-TIPP
Honig hilft!

Einsteigen, Spaß haben: Der alte Pinienzapfenzug stampft von Entrevaux bis Annot

Die *Pfarrkirche* mit ihrem barocken Inneren erinnert an eine Säulenbasilika. Im 17. Jh. wurde das *Franziskanerkloster* mit seiner inzwischen renovierten Fassade gebaut. Zwischen Dorf und Kloster liegt das Restaurant *Lou Pountin (Di/Mi geschl. | 56, Rue Lieutenant Jean Revelli | Tel. 04 93 04 54 90 | lou pountin.fr | €)* mit vielen Bioprodukten im kühlen Speiseraum oder auf der sonnigen Terrasse. *Q4*

4 VALLÉE DE VÉSUBIE

„Die kleine Schweiz" nennen die Einheimischen ihr *Vésubie-Tal*, und sie haben recht: Grüne Wiesen, intakte Dörfer und 3000 m hohe Berge erinnern an die Schweizer Alpenlandschaften. Der gleichnamige Fluss ist ab Saint-Jean-la-Rivière in den ★ *Gorges de la Vésubie* mit Steilwänden in verschiedenen Gesteinsfarben ein besonders schönes Naturschauspiel. Von der D 2565 zweigt die kleine D 32 nach *La Madone d'Utelle* ab, einem im 9. Jh. von Seefahrern gegründeten Wallfahrtsort mit einer *Aussichtsplattform* (1174 m), von der du einen unvergesslichen Rundblick über Seealpen und Meer hast. Am besten genießen kannst du den Ausblick, wenn du im Dorf das Auto abstellst und dann in einer guten Stunde bis nach oben wanderst – ein schöner Weg durch Pinien- und Maronenwälder. Und oben wartet die Kapelle, in der Menschen aus aller Welt ihre anrührenden Wünsche niedergeschrieben haben.

Wer Salzwasser und Menschenmassen an der Küste meiden möchte, fährt nach *Roquebillière (short.travel/cot8)*: Dort ist der einzige Naturbadesee der Region. Schilfpflanzen reinigen das Wasser und zur Abwechslung lässt es sich mal auf grünen Rasenflächen chillen. Das Bad verleiht kostenlos Sonnenschirme. *O5*

INSIDER-TIPP
Gut geschützt!

ENTREVAUX

(*M5*) Dieses Dorf scheint nur aus Treppen zu bestehen: Ewig lang schlängeln sie sich den Hang über der Altstadt von Entrevaux (880 Ew.) hoch. Die alte Festung ist 1a erhalten und sollte einst vor aufdringlichen Nizza-Rittern schützen; heute ist sie eine super Wanderung wert.

Die *Zitadelle* oberhalb der mittelalterlichen Siedlung am Var wurde von Baumeister Vauban zur fast uneinnehmbaren Burg ausgebaut: Entrevaux lag bis 1860 an der Grenze zwischen Frankreich und der Grafschaft Nizza. Eine Spezialität Entrevauxs ist die *secca*, getrocknetes Rindfleisch, ähnlich dem Bündner Fleisch.

SIGHTSEEING

Die *Zitadelle* ist mit einem halbstündigen Fußmarsch zu erreichen. Einen Besuch lohnt auch die *Kathedrale* aus dem 17. Jh. mit ihrem großen barocken Portal.

RUND UM ENTREVAUX

5 TRAIN DES PIGNES ★ ☂

Haltestelle direkt in Entrevaux

An den Wochenenden zwischen Mitte Mai und Ende Oktober erlebt der „Pinienzapfenzug" eine Renaissance auf der Eisenbahnstrecke zwischen Nizza und Digne. Eine gute Stunde braucht die Dampflokomotive, um ihre historischen Holzwaggons auf der abenteuerlichen Fahrt von Puget-Théniers nach Annot zu befördern. Du kannst am Bahnhof von Entrevaux dazusteigen und auf einem der schönsten Abschnitte der Strecke bis Annot mitzuckeln. *15 Euro hin und zurück | Ticketbuchungen online auf traindespignes.fr |* *L-N5*

6 GORGES DE DALUIS & GORGES DU CIANS

26 km/30 min von Entrevaux nach Guillaumes bzw. Pont de la Mariée (Auto)

Die Gorges de Daluis zeigen auf 7 km die Urgewalt des Var, der sich zwischen Daluis und Guillaumes tief in leuchtend rotes Felsgestein gegraben hat. Sehenswert auf halber Strecke ist die Brücke *Pont de la Mariée*, von der der Legende nach eine Braut in den Tod gestürzt ist. Das Bauwerk ist Ausgangspunkt für Flusswanderungen und Canyoningtouren – unbedingt in Begleitung eines Führers unternehmen!

INSIDER-TIPP Wild planschen

Etappenort für Touren ist *Guillaumes*. Dort gibt es ein Schwimmbad, aber noch viel besser ist das Baden im Fluß direkt im Ort. Kalt, aber glasklar! Zu essen gibt es im Restaurant *Les Chaudrons (Tel. 04 93 05 50 01 | €)*. Über die 1669 m hoch gelegene Skistation Valberg oder über das Felsendorf Péone sind die Gorges du Cians zu erreichen. Noch wilder als in der Nachbarschlucht ist die Landschaft hier; die D 28 windet sich durch ein halbes Dutzend Tunnels und öffnet immer wieder neue Aussichten auf die grandiose Natur. Informationen und Führungen durch beide Schluchten im *Maison de Pays (Puget-Théniers | RN 202 | Tel. 04 93 05 05 05 | provence-val-dazur.com).* *M-N4*

7 AIGLUN

40 km/50 Min. von Entrevaux (Auto), 26 km/7 h zu Fuß

Die Strecke zum Bergdorf Aiglun (90 Ew.) im Süden zeigt zwei der be-

Wildes Wasser-Abenteuer zwischen Felswänden: Rafting in den Gorges du Verdon

eindruckendsten Flussengen (Klusen) in Südfrankreich: die *Clue de Riolan* und die *Clue d'Aiglun*. Die Hauptstraße führt durch einen Torbogen der *Auberge du Calendal (Feb., Mi abends, So außerhalb der Hochsaison geschl. | Tel. 04 93 05 82 32 | €).* M5

CASTELLANE

(K5) **Ein Ort für Hyperaktive: Castellane bietet Wandern in den Schluchten, Schwimmen im See, Canyoning, Provence-Küche und natürlich eine *Zitadelle (Petra Castellana).***

Das Städtchen (1600 Ew.) an der Route Napoléon vom Meer in die Alpen ist ein idealer Ausgangspunkt für Ausflüge in die Schluchten des Verdon.

SIGHTSEEING

ALTSTADT

Der Ort mit seinen engen Gassen hat ein paar architektonische Glanzstücke bewahrt. Von der alten Festung aber ist nicht mehr viel übrig. Das *Stadttor* mit seinem Uhrturm *(Tour de l'Horloge)* und der *fünfeckige Turm (Tour Pentagonale)* sind als Reste der alten Ummauerung noch geblieben.

NOTRE-DAME-DU-ROC

Ein an der Pfarrkirche beginnender Spaziergang mit Kreuzwegstationen führt dich auf einen imposanten, nahezu kubischen Kalkfelsen, der den Ort überragt. Obendrauf steht die Wallfahrtskapelle *Notre-Dame-du-Roc*, die zu Beginn des 18. Jhs. gebaut wurde. Von dort hast du einen schönen Blick auf den Eingang zu den Verdon-Schluchten.

BERGERIE DE FAUCON

Auf diesem Bauernhof heilen Tiere Jugendliche. Und Besuchern ist der Zeneffekt von Kamelen, Rehen und Rindviechern garantiert. *Tgl. 14–17 Uhr | Eintritt frei | an der Straße zwischen La Palud-sur-Verdon und Rougon*

ESSEN & TRINKEN

AUBERGE DU TEILLON

Anspruchsvolles Restaurant mit regionalen Spezialitäten und schattiger Terrasse rund 6 km Richtung Grasse auf der Route Napoléon. *Dez.–Ende Feb., sonst Mo geschl. | Route Napoléon | Tel. 04 92 83 60 88 | auberge-teillon.com | €€*

RUND UM CASTELLANE

8 GORGES DU VERDON ★

30 km/40 min von Castellane (Auto)

Wie ein Messer in weiche Butter hat sich der Fluss, der auf 2800 m Höhe bei Sestrière entspringt, in grauer Vorzeit durch die Kalkfelsen der Voralpen gegraben, und ist heute wohl eins der größten Naturschauspiele in ganz Europa. Bis zu 700 m fallen die Felswände zu beiden Seiten der Schlucht fast senkrecht in die Tiefe ab. Heute wird der wilde Gebirgsfluss mit seinem smaragdgrünen Wasser durch ein halbes Dutzend Stauseen gebändigt, ist aber trotzdem ein Mekka für Wanderer, Extremkletterer und Wassersportler geblieben. Zwei Panoramastraßen, die *Corniche Sublime* (im Süden) und die noch spektakulärere *Corniche des Crètes* (im Norden) eröffnen atemraubende Einblicke in die Schlucht, beispielsweise von der 800 m hohen *Falaise des Cavaliers* (zwischen Comps und Aiguines gelegen) aus.

Die Gorges du Verdon bilden mit Umland und dem auf 1000 m liegenden Dorf *La Palud-sur-Verdon* einen Parc Naturel Régional. La Palud, Zentrum des Naturparks, wartet mit einem interessanten Museum über die Schlucht auf, der *Maison des Gorges du Verdon (Mitte März–Mitte Nov. 10–12 und 16–18 Uhr | 4 Euro | Le Château | La Palud sur Verdon | lapaludsurverdon.com).* H–J6

9 MOUSTIERS-SAINTE-MARIE ★

45 km/60 min von Castellane (Auto)

Ein Bergdorf wie aus dem Bilderbuch. Nicht weit vom Ausgang der Verdon-Schlucht kauert das Örtchen (700 Ew.) am Fuß zweier Felsen, zwischen denen seit dem frühen Mittelalter eine Kette mit einem silbernen Stern gespannt ist. Moustiers, einst von den Mönchen der Iles de Lérins vor Cannes besiedelt, wurde im 18. Jh. zu einem wichtigen Zentrum der Fayencekunst. Der Wirtschaftszweig erlebt nach der Krise im 19. Jh. eine Renaissance; heute produzieren wieder knapp 20 Werkstätten.

Dass Moustiers inzwischen schick geworden ist, zeigt Starkoch Alain Ducasse, der hier eine Filiale eröffnet hat: *La Bastide de Moustiers (Chemin de Quinson | Tel. 04 92 70 47 47 | bastide-moustiers.com | €€€).* Empfehlenswert ist auf dem Kirchplatz des

Dorfs auch das Restaurant *La Treille Muscate (Nov.–Jan. geschl., Juli/Aug. Mi geschl., Feb.–Okt. Mi/Do geschl. | Place de l'Église | Tel. 04 92 74 64 31 | restaurant-latreillemuscate.fr | €€)* mit gediegener provenzalischer Küche, aufmerksamem Service, hübschem Saal und lauschiger Terrasse. Moustiers-Sainte-Marie ist ein guter Ausgangspunkt für Ausflüge in die nahe Verdon-Schlucht, aber auch an den *Lac de Sainte-Croix*, den 1975 angelegten Stausee im Süden mit vielen Wassersportangeboten, z. B. in Sainte-Croix oder Bauduen, wo man u. a. Tretboote mieten und in die Schlucht hineinfahren kann. *H5*

10 QUINSON

75 km/90 min von Castellane (Auto)

Das kleine, typisch provenzalische Dorf (420 Ew.) am Verdon ist mit einem gekonnten Rückgriff auf die Vergangenheit in der Zukunft des Tourismus angekommen. Am südlichen Ende des Stausees von *Sainte-Croix*, baute der renommierte britische Architekt Sir Norman Foster ein hypermodernes Museum der Vorgeschichte: Das ★ *Musée de Préhistoire des Gorges du Verdon (Frühling und Herbst Mi–Mo 10–19, Juli und Aug. tgl. 10–20 Uhr | 7 Euro | Route de Montmeyan | museeprehistoire.com). G7*

11 MONTAGNE DU CHEIRON

50 km/70 min von Castellane (Auto)

Fantastisch ist die Gegend um den 1777 m hohen Gipfel des Cheiron mit wilden Flusstälern und idyllischen Bergdörfern. Die *Cascades aux Gorges du Loup* sorgen für großes Rauschen und lassen nach der Clue de Gréolières ahnen, was der Fluss auf dem Weg zum Meer noch so alles anstellt: Entlang der D 3 mit Aussichtsparkplätzen zwischen Bramafan und Gourdon ist das Wasser in den Schluchten wie entfesselt. Zwischendrin spektakuläre Wasserfälle wie die *Cascade des Courmes* oder der *Saut du Loup*.

Gréolières *(N6)*, Hauptort dieser Mikroregion, ist Ausgangspunkt für Wanderungen und Canyoning in den Tälern von Loup und Estéron. Hübsch sind Dörfer wie *Coursegoules (N6)* auf 1000 m Höhe und der 65-Seelen-Ort *Roquestéron-Grasse (N5)* mit der Festungskirche *Sainte-Pétronille* (12. Jh.) und Blick aufs Estéron-Tal. Infos über den regionalen Naturpark gibt es im *Zentrum des Parc Naturel Régional des Préalpes d'Azur (1, Av. François Goby | Saint-Vallier-de-Thiey | Tel. 04 92 42 39 29 | pnr-prealpesdazur.fr). M–O 5–6*

COTIGNAC

(H8) **Südfrankreich ist ein Schlemmerparadies – aber Cotignac (2200 Ew.) geht noch weiter und zelebriert mit zahlreichen Festen im Sommer mal den Wein, mal die Pasta und dann wieder den Honig mit eigener Party. Wer hier nicht zunimmt, ist selber schuld: Die kleinen Restaurants in Backsteinhäusern und Terrassen unter Kastanienbäumen sollte niemand links liegenlassen.**

Künstler und Musiker haben die Dörfer der Region Haut-Var, auf halbem Weg zwischen A 8 und dem Stausee von Sainte-Croix, wiederentdeckt. Cotignac, einst für Gerbereien, Ölmühlen und Seidenspinnereien bekannt, ist mit seinem *Markt (jeden Di | Cours Gambetta)* zum Treffpunkt geworden.

SIGHTSEEING

ALTSTADT

Ein Spaziergang führt durch die engen Gassen Cotignacs zum *Théâtre de la Verdure*, einem für Konzerte und Theateraufführungen genutzten Freilichttheater. Von der Kirche geht der Weg weiter zum *Tuffsteinfelsen*, in dem eine zweistöckige *Grotte* ausgewaschen ist. Von dort hast du einen schönen Ausblick auf das Dorf und die Weinberge im Tal.

ESSEN & TRINKEN

RESTAURANT DU COURS

Die Einheimischen halten dieses einfache Restaurant mit der großen Terrasse für die beste Küche im ganzen Dorf. Es gibt regionale Spezialitäten wie Wachtel *(caille)* und Kaninchen *(lapin)* nach Großmutterart. *Mitte Dez.–Mitte März, Di-abends und Mi geschl. | 18, Cours Gambetta | Tel. 04 94 04 78 50 | restaurant-hotelducours.fr | €*

SHOPPEN

Cotignac ist bekannt für Honig, Wein und Öl, die rund um den Cours Gambetta angeboten werden. Guten Bienenhonig gibt es z. B. bei *Ruchers du Bessillon (2, Cours Gambetta | les ruchersdubessillon.com)*.

Satt nach Cotignac? Geht gar nicht, weil in den Restaurants unter Bäumen gute Küche wartet

Abtei Le Thoronet: Schlichte provenzalische Romanik für das einfache Zisterzienser-Dasein

RUND UM COTIGNAC

12 SILLANS-LA-CASCADE

7 km/10 min von Cotignac (Auto), 6 km /1,5 h zu Fuß

Sorgfältig restauriertes Dorf mit einem *Schloss* aus dem 18. Jh. Eine halbe Stunde gehst du auf einem neu angelegten Wanderweg zum *Wasserfall*, wo das Flüsschen Bresque 40 m in die Tiefe stürzt. Mitten im Dorf hat die Familie Billaud das *Hôtel-Restaurant Les Pins (im Sommer Mo, im Winter Mo, Di geschl. | 1, Grande Rue | Tel. 04 94 04 63 26 | restaurant-lespins.com | €–€€)* mit Kamin im Saal und schattiger Sommerterrasse übernommen und serviert provenzalische Spezialitäten. *H8*

13 SALERNES

11 km/20 min von Cotignac (Auto)

Salernes (3700 Ew.) ist seit Jahrhunderten ein Keramikzentrum. Die sechseckigen *tomettes*, die roten Fliesen, sind im ganzen Land gefragt. Unternehmer wie *Alain Vagh (Route d'Entrecasteaux | Tel. 04 94 70 61 85 | alainvagh.fr)* dekorieren damit sogar Rennboote, Autos oder Klaviere. Das Dorf hat in einer alten Fabrik das Museum *Terra Rossa (Mi–Mo März–Nov. 10–18, im Hochsommer bis 19 Uhr | 4 Euro | Quartier des Launes | terrarossasalernes.over-blog.fr)* eingerichtet, das Geschichte und Gegenwart des Handwerks präsentiert. *H8*

14 VILLECROZE

20 km/25 min von Cotignac (Auto)

Der mittelalterliche Kern des Dorfs (1100 Ew.) wartet mit schönen *Gassen* unter Arkaden auf. Der *Park mit Wasser-*

fall und *Rosengarten* liegt unter einem *Tuffsteinfelsen. Führungen durch die Grotten Juli–Mitte Sept. 10–12, 14.30–19, Mai, Juni und Ostern 14–18 Uhr | 2,50 Euro | mairie-villecroze.com | 🕮 J8*

15 ENTRECASTEAUX

10 km/15 min von Cotignac (Auto), 10 km/2 h zu Fuß

Der kleine Ort (1000 Ew.) über dem Bresque-Tal ist stolz auf sein imposantes *Schloss (Ostern–Okt. tgl. Führung 16 Uhr | 10 Euro | chateau-entrecasteaux.com)* aus dem 17. Jh. und den *Schlossgarten*, den Architekt André Le Nôtre anlegte. *🕮 H8*

16 ABBAYE DU THORONET ★

16 km/15 min von Cotignac (Auto)

Rund 20 km im Süden von Cotignac liegt die älteste der drei Zisterzienserabteien der Provence. Le Thoronet aus dem 12. Jh. ist ein Meisterwerk der provenzalischen Romanik und zeichnet sich durch äußerste Schlichtheit und Präzision aus. Nach der Französischen Revolution wurde der Bau vernachlässigt, die Abtei verfiel. Im 19. Jh. rettete sie Schriftsteller und Konservator Prosper Mérimée vor dem völligen Verfall. Seither wurde sie immer wieder restauriert. Beeindruckend sind der Kreuzgang, die Kirche und der Kapitelsaal im Klostergebäude. *April–Sept. tgl. 10–18.30, Okt.–März 10–13 u. 14–17 Uhr | 7,50 Euro | le-thoronet.fr | 🕮 J9*

17 COMMANDERIE DE PEYRASSOL

30 km/45 min von Cotignac (Auto)

Auf einem 850 ha großen Weingut in Flassans-sur-Issole hat die Galeristin Valerie Bach in Weinbergen, Olivenhainen, rund um Keller und Wohnhaus über 50 Skulpturen französischer wie internationaler Künstler (u. a. Niki de Saint Phalle, Anne und Patrick Poirier, Jaume Pensa, Frank Stella, Gloria Friedmann, Carsten Höller) platziert. Die ausgeschilderten Spaziergänge zur großen Kunst (bebilderter Plan am Empfang) sind gratis. Ab Mitte April gibt es die Saison über auf Reservierung auch eine *table d'hôte (€€)* in einem mittelalterlichen Steinhaus. *Weinproben Mo–Sa um 11, 14.30 und 17 Uhr | an der DN7 | Tel. 04 94 69 71 02 | peyrassol.com | 🕮 H9*

18 CORRENS

11 km/30 min von Cotignac (Auto)

Correns (800 Ew.) gilt als erstes Biodorf Frankreichs und verzichtet bei der Weinproduktion auf Chemie. Probieren kann man den Biowein in der Kooperative *Vignerons de Correns (Mo–Sa 14.30–19, Sa auch 9.30–12.30 Uhr | Chemin de l'église | vigneronsdecorrens.com).* Gemüsebauern haben nachgezogen, die Gemeinde feiert jeden Sommer ihr Biofestival. Eine sehr schöne Badegelegenheiten in freier Natur bietet der *Vallon Sourn*, eine idyllische Schlucht mit Kletterfelsen und schattigen Bäumen im Westen des Dorfs. *🕮 G8*

19 BARJOLS

16 km/20 min von Cotignac (Auto), 15 km /3 h zu Fuß

30 Brunnen tragen zum Charme des Orts (3000 Ew.) bei. Lohnend ist ein Spaziergang durch die Dorfmitte mit einer Platane auf dem Rathausplatz mit 12 m Umfang. *🕮 G8*

ERLEBNIS TOUREN

Lust, die Besonderheiten der Region zu entdecken? Dann sind die Erlebnistouren genau das Richtige für dich! Ganz einfach wird es mit der MARCO POLO Touren-App: Die Tour über den QR-Code aufs Smartphone laden – und auch offline die perfekte Orientierung haben.

1 IM LAND DER DÜFTE

- Nach dichten Städten enge Schluchten erklimmen
- Schnupper mal!
- Sich Gaumenfreuden im Dorf Mougins gönnen

Start: Antibes

Ziel: Antibes

Strecke: 100 km

Dauer: 3 Tage, reine Fahrzeit 2,5 Stunden

Info: Die Altstädte von Saint-Paul-de-Vence und Mougins sind für Autos gesperrt. In Grasse lohnt es sich, gleich das zentrale Parkhaus anzusteuern.

Auf einer Felsnase, dem *rocher,* hoch über dem Meer thront Monacos Altstadt

ERHABENE AUSSICHT & SCHÖNER SHOPPEN

Dieser Blick beim Start in ❶ **Antibes ➤ S. 78** von der Festungsmauer nahe dem Musée Picasso im alten Grimaldi-Schloss wird dich einfach überwältigen: das blaue Meer der Engelsbucht, daneben die futuristische, pyramidenförmige Feriensiedlung Marina Baie des Anges von 1970, dann die Silhouette von Nizza und über allem die Gipfel der Seealpen. *Über Cagnes-sur-Mer geht es auf der D 2 nördlich nach* ❷ **Saint-Paul-de-Vence ➤ S. 67** mit der **Fondation Maeght,** einem der bekanntesten Wallfahrtsorte für die Anhänger moderner Kunst. Vor der Besichtigung lohnt sich ein Spaziergang durch das Dorf mit kleinen Cafés, vielen Galerien und dem Spitzenrestaurant **La Colombe d'Or.** Bis nach ❸ **Vence ➤ S. 65** und zum einfachen Gasthof **La Lubiane** für die Nacht ist es nur ein Katzensprung. Mach doch einen Einkaufsbummel durch die von hübschen Lädchen gesäumten Gassen der kleinen **Altstadt,** viele Handwerker von Taschen bis Schmuck haben sich hier niedergelassen.

VON DER VEILCHENHAUPTSTADT INS DUFTMEKKA

Von Vence aus nach Westen wird die Landschaft an der D 2210 wildromantisch. Die Route führt nach ❹ **Tour-**

❶ Antibes

18 km 35 min

❷ Saint-Paul-de-Vence

6 km 15 min

❸ Vence

TAG 2

6 km 12 min

❹ Tourrettes-sur-Loup

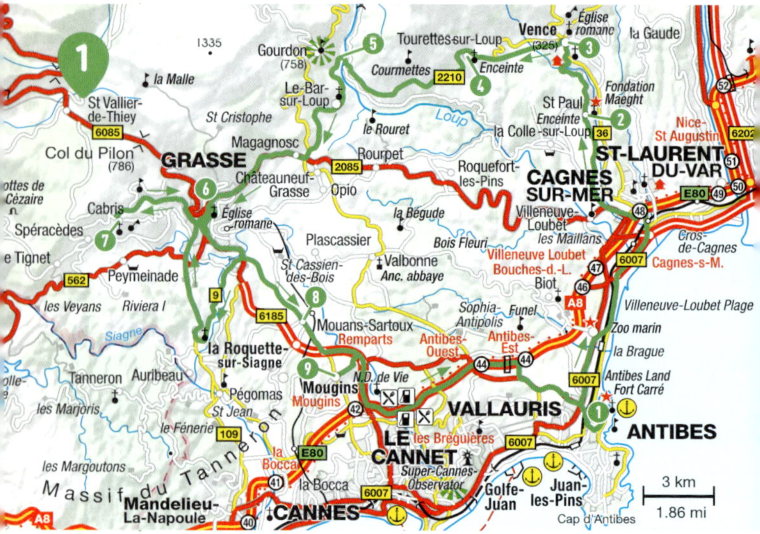

8 km 12 min

❺ Pont-du-Loup

12 km 20 min

❻ Grasse

22 km 45 min

rettes-sur-Loup, in die Metropole der Veilchen, die eine wunderschöne **Altstadt** besitzt. Ein Halt an der von Deutschen im Jahr 1944 gesprengten Brücke über den Fluss lohnt sich anschließend in **❺ Pont-du-Loup:** Die **Confiserie Florian** *(im Sommer tgl. 9–18.30, sonst 9–12, 14–18.30 Uhr | Eintritt frei | Führung auch in deutscher Sprache | confiserieflorian.com)* zeigt, was geschickte Hände aus Veilchenblüten, Rosenblättern und Südfrüchten an Konfitüren, Bonbons und anderen süßen Köstlichkeiten herstellen können. Jeder darf die kleinen süßen Bombigen probieren. Den Nachmittag reservierst du für **❻ Grasse** **➤ S. 81,** seit dem 17. Jh. die Welthauptstadt der Düfte. Schau dir an, was die Parfumindustrie dort aus Blumen und Kräutern zaubert. Zum Beispiel im sehens- und riechenswerten internationalen **Parfummuseum.** Schöner als nur zu gucken ist es aber, das Duftwässerchen selber zu machen: Also einschreiben bei einem *Workshop* bei **Galimard** **➤ S. 82** einschreiben und das eigene Parfüm kreieren. Ein Menü einheimischer Spezialitäten bietet zum Abend **Le Moulin du Sault** *(Mo, Mi-Abend, So-Abend geschl. | Chemin du Vieux Moulin | Auribeau-sur-Siagne | Tel. 04 93 42 25 42 | moulindusault.com | €€–*

€€€) in einer ehemaligen Olivenölmühle *im Süden von Grasse.* Zum Übernachten fährst du hinauf ins Dorf **7 Cabris** mit seiner hübschen **Auberge du Vieux Château** *(aubergeduvieuxchateau.com).*

7 Cabris

TAG 3

14 km 25 min

8 Mouans-Sartoux

KUNST MODERN AUFGETÜRMT

Weniger Charme als Grasse hat **8 Mouans-Sartoux** *auf dem Weg zurück nach Süden* zu bieten, aber das Städtchen besitzt abgesehen vom mittelalterlichen Schloss in Dreiecksform einen grell-grünen Trumpf des 21. Jhs.: Die Schweizer Künstler Sybil Albers und Gottfried Honegger haben dem Ort ihre einzigartige Sammlung konkreter Kunst mit Arbeiten von Daniel Buren, Max Bill, Joseph Beuys, Yves Klein, Imi Knoebel, Ulrich Rückriem und Georg Karl Pfahler vermacht. Dafür bauten die Zürcher Architekten Annette Gigon und Mike Guyon einen 26 m hohen, grün gestrichenen **Museumsturm (Espace de l'Art Concret)** *(Château de Mouans | Mi–So 11–18, im Hochsommer tgl. 11–19 Uhr | Eintritt 7 Euro | espacedelartconcret.fr).*

Schuften, damit andere gut duften: Rosenblätterernte zur Parfumherstellung bei Grasse

5 km 10 min

⑨ Mougins

17 km 22 min

① Antibes

Nur ein paar Kilometer weiter liegt das Bilderbuchstädtchen ⑨ Mougins ➤ S. 76, das mit seiner Mischung aus Golfplätzen, Galerien und dem Pablo Picasso gewidmeten Fotografie-Museum zu einem Halt verführt. Den exquisiten Schlusspunkt der Tour setzt ein Menü im Restaurant L'Amandier in Mougins, wo dein Gaumen ein letztes Mal in den Aromen des Südens schwelgen darf. *Über die D 35 führt dich der Weg aus dem Land der Düfte und der Feinschmecker schließlich zurück nach* ① Antibes ➤ S. 78 ans Meer.

② KÜSTENWANDERUNG AUF DER HALBINSEL VON SAINT-TROPEZ

- ➤ Nah am Wasser gebaut: Der Felswanderweg
- ➤ Einsames Picknick am Strand
- ➤ Das Aroma heißer Pinien einatmen

Start	Plage de Gigaro	Ziel	Plage de Gigaro
Strecke	14 km	Dauer	ca. 6 Stunden, reine Gehzeit 4 Std.
Höhenmeter	250 m	Schwierigkeit	leicht

Mitnehmen: feste Schuhe, Badezeug, ausreichend Wasser und Verpflegung
Achtung: Der Weg geht zum Teil über Stock und Stein sowie glatte Felsen.
Weil der Pfad vor allem im Winter oft von schweren Brechern beschädigt wird, vorher im Tourismusbüro den Zustand erfragen.

SANFTER EINSTIEG IN DEN ÖKOPFAD

Der Küstenpfad ist eine Errungenschaft des 1975 gegründeten *Conservatoire du Littoral*, der sich nicht nur vehement der Zersiedlung der Küste entgegenstellt,

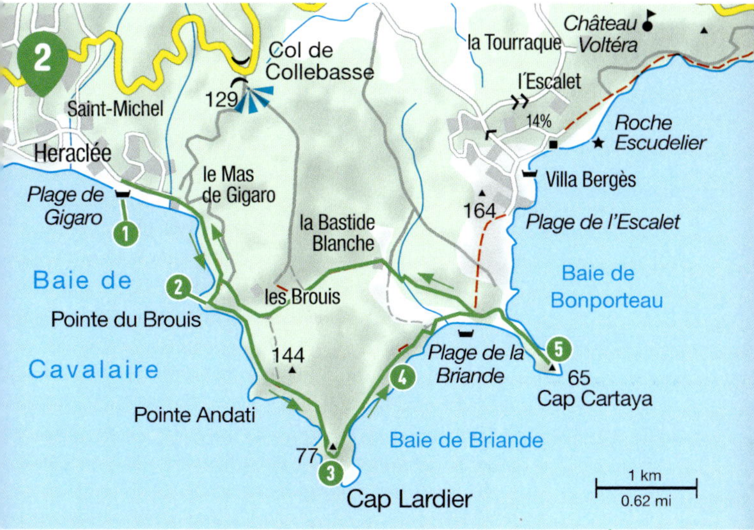

sondern sich auch um den Schutz von Fauna und Flora kümmert und bei Bedarf den Wanderweg repariert, der zuweilen von außergewöhnlich hohen Wellen beschädigt wird. *Ausgangspunkt für den Wanderweg mit Blick auf Himmel und Meer ist die* **➊ Plage de Gigaro,** an der auch im Hochsommer mit etwas Glück noch (kostenpflichtige) Parkplätze zu bekommen sind. Der 290 ha große Küstenstreifen vom Mas du Gigaro bis zur Halbinsel Cap Taillat ist ein öffentlich zugängliches Schutzgebiet. Der Felsen mit den Aleppokiefern- und Korkeichenwäldern ist ein Nistplatz für Schwarzdrosseln, Grünspechte, Spatzen oder Seemöwen.

➊ Plage de Gigaro

1,6 km 25 min

PICKNICK IN DER STILLE, LAUFEN IM SCHATTEN

Auf dem bequemen Weg von der Plage de Gigaro zur **➋ Pointe du Brouis** kurz innehalten und staunen: Die für Saint-Tropez so typischen Handtuchreihen sind verschwunden. Es wird stiller und einsamer. Gleich in der nächsten Bucht bist du fast schon allein und kannst in aller Ruhe picknicken und das erste Bad im klaren Wasser nehmen. Frisch gestärkt geht es *weiter auf dem Weg, für den niemand eine Karte braucht* – er ist mustergültig ausgeschildert und verläuft im Schatten von Bäu-

➋ Pointe du Brouis

2,5 km 45 min

❸ Cap Lardier

1,5 km 23 min

❹ Baie de Briande

2 km 33 min

❺ Cap Taillat

6 km 1 h 35 min

men mit dem Duft von würzigen Kräutern *am Leuchtturm vorbei hinauf zum* **❸ Cap Lardier.** Dort, an der Südspitze der Halbinsel von Saint-Tropez, ist der höchste Aussichtspunkt mit einem Traumblick auf das Meer, *bevor es über Stock und Stein auf dem Wanderpfad an kleinen und tatsächlich auch im Hochsommer menschenleeren Buchten in die* **❹ Baie de Briande** hinunter geht, wo höchstens ein paar Segelboote ankern.

SAND ODER FELSEN? ODER BEIDES?

Bleib direkt am Meer, überquer den breiten Strand des Bastide Blanche, und an der Halbinsel **❺ Cap Taillat** hast du dann die Qual der Wahl: Am Sand- oder am Felsenstrand baden? Die Boote und Yachten, die sich auf dem Ausflug von Saint-Tropez aus hier versammeln, halten normalerweise höflichen Abstand zum Strand. *Für den Weg zurück zum Gigaro-Strand nimmst du die Abkürzung über das Weingut der Bastide Blanche*, das zur Domaine de la Croix gehört, aber nicht zu besichtigen ist – durch Wälder mit den *pins parasol*, den Kie-

Wanderers Belohnung – den stillen Sandstrand vom Cap Taillat hat man fast für sich allein

fern, die ihr grünes Nadeldach wie Sonnenschirme aufspannen, und Felder, die zeigen, dass Landwirtschaft auch im Paradies des Jetset noch eine Zukunft hat. *Den Strand an der Pointe du Brouis kennst du ja schon und an der* ❶ **Plage de Gigaro** *ein paar Meter weiter* beginnt nach dieser betörenden Wanderung auch schon wieder die Zivilisation. Zur Belohnung gibt's ein Abendessen am Meer im Restaurant **Couleurs Jardin** *(April–Sept. tgl. | Tel. 04 94 79 59 12 | restaurantcouleursjardin.com | €€).*

❶ Plage de Gigaro

❸ FREIZEITSPORT IM TAL DER ROYA

- ➤ Durch die engen Schluchten der Roya fahren
- ➤ Im Hippie-Dorf Kekse kaufen
- ➤ Sich auf den Kopf stellen in der Via Ferrata

Start: Menton
Ziel: Menton
Strecke: 125 km
Dauer: 3 Tage, reine Fahrzeit 3 Stunden

Mitnehmen: Wanderschuhe bei Ausflügen in die Berge, Ausrüstung für Kajak oder Canyoning, warme Kleidung selbst im Sommer
Achtung: Die schmale Straße von Breil-sur-Roya nach Tende wird seit Jahren ausgebaut. Es gibt immer wieder Baustellen, die zu längeren Staus führen können.

GEBLÜMTER FLUSSLAUF

❶ Menton
19 km 30 min
❷ Sospel

Von ❶ **Menton** ➤ S. 47 *führt die kurvenreiche D 2566 durch das Vallée du Caraï nach* ❷ **Sospel.** Das Schönste hier liegt unten: Der Bergfluss, der sich kurvig mitten durch die Stadt schlängelt und über den Balkone voll üppiger Blumen hängen. Wahrzeichen der zweitgrößten Stadt der Grafschaft Nizza ist die Brücke aus dem 15. Jh., einst Mautstelle an der *Route du Sel*, der Salzstraße. Sehenswert ist die Kathedrale **Saint-Michel** auf

22 km 32 min

einem von mittelalterlichen Arkadenhäusern umgebenen Platz. *Von Sospel führt die D 2204 über den 879 m hohen Col de Brouis ans Ufer der Roya.*

3 Breil-sur-Roya

11 km 16 min

4 Saorge

IM DORF DER HIPPIES MITFEIERN

Ausgangspunkt für die Sporttour ist der Ort 3 **Breil-sur-Roya.** Das Dorf liegt an beiden Ufern des Bergflusses, der hier zu einem künstlichen See aufgestaut ist. Das örtliche *Office du Tourisme (Place Biancheri | Tel. 04 93 04 99 76 | breil-sur-roya.fr)* vermittelt Kajakkurse und Canyoning-Ausflüge in die herrlichen Schluchten der Umgebung. Einfach mal ausprobieren! *Etwas weiter flussaufwärts liegt* 4 **Saorge** ➤ S. 109, eins der schönsten französischen Felsendörfer. Saorge ist das Mekka der Hippies – langhaarige Gitarrenspieler, Friedensfahnen und Fairtrade-Läden garantiert! Im Sommer abends im Dorf bleiben, fast jeden Abend klimpern dort ein paar Musiker auf der Klampfe. Das Gästehaus **Ca'Da Barrera** *(chambresdhotes-saorge.fr)* bietet nach Reservierung auch ein Abendmahl *(€)*.

INSIDER-TIPP
Die Hüfte schwingen

Lieber nicht nach unten schauen! Auch wenn Kletterer auf der Via Ferrata gut gesichert sind

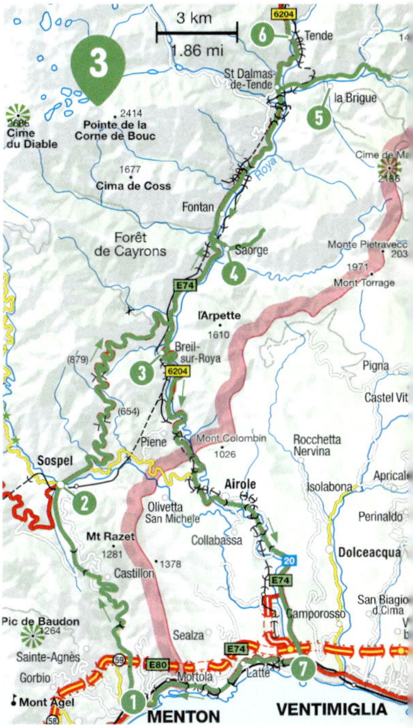

DEN GIPFEL ERKLIMMEN

Von Saorge aus kannst du am nächsten Tag schöne Wanderungen in den *Nationalpark Mercantour* ➤ S. 108 unternehmen. *Anschließend fährst du weiter nach Norden.* Eine Übernachtung lohnt das Hotel-Restaurant **Le Mirval** *(lemirval.com)* in ❺ **La Brigue.** Das Dorf gehörte mal zur Provence, mal zu Savoyen, zu Frankreich, zum Piemont, zu Italien und ist 1947 nach einer Volksabstimmung mit dem Roya-Tal zurück nach Frankreich gekommen. Die 600 Einwohner sind stolz auf gleich **sieben historische Denkmäler.** Ein 90-minütiger Spaziergang führt zu den kleinen Kapellen, die im Lauf der Jahrhunderte rund um das Dorf gebaut wurden. Wer es sportlich möchte, kann in gut 5 Std. zum 2482 m hohen **Mont Bertrand** wandern.

NICHTS FÜR ANGSTHASEN

Am Abschlusstag wird es nochmal richtig spannend. Die *Via Ferrata*, italienischer Ausdruck für Kletterrouten in schwindelerregender Höhe, ist zwar voll ausgestattet mit Steigeisen, Leitern, Stegen und Brücken. Aber Vorsicht: Ein paar Muckis in den Armen sind schon nötig, um sich über vorspringende Felsen zu hangeln. Zu buchen und auszuprobieren im Bergdorf ❻ **Tende,** wo zwischen zwei Felsen der 20 m lange und 40 cm breite Steg schon von weitem als Höhepunkt der **Via Ferrata des Comtes Lascaris** *(tendemerveilles.com)* zu erkennen ist. Zurück in Tende bietet das **Musée des Merveilles** ➤ **S. 109** eine angenehme wie unterhaltsame Verschnaufpause nach so viel sportlicher Betätigung. *An die Küste führt der schnellste Weg von Breil-sur-Roya über die französische D 6204 zur Grenze und die italienische SR 20 über* ❼ **Ventimiglia** mit seinen verglichen mit Frankreich günstigen Einkaufsmöglichkeiten und einem großen Markt. *Am Meer entlang kommst du*

TAG 2

13 km 21 min

❺ **La Brigue**

TAG 3

6 km 9 min

❻ **Tende**

45 km 60 min

❼ **Ventimiglia**

10 km 20 min

❶ Menton

über die Via Aurelia zurück nach Frankreich und ❶ **Menton.**

❹ VON SCHLUCHT ZU SCHLUCHT IM HINTERLAND

- Rote Felsen durchqueren
- Sich mit heimischen Säften stärken
- Im See zum Heiligen Kreuz baden

Start: Puget-Théniers

Ziel: Moustiers-Sainte-Marie

Strecke: 190 km

Dauer: 3 Tage, reine Fahrzeit 3,5 Stunden

Info: Vorsicht auf den engen Straßen entlang der Schluchten, v. a. auf der Route des Crêtes im Verdon! Außerhalb der Hochsaison im Sommer sind viele Restaurants im Hinterland geschlossen, doch in Moustiers-Sainte-Marie sind Besucher das ganze Jahr über willkommen.

❶ Puget-Théniers

20 km 25 min

❷ Gorges du Cians

17 km 20 min

ZWISCHEN MITTELALTER UND SKIZIRKUS

Die Tour startet nordwestlich von Nizza in ❶ **Puget-Théniers** am Var-Fluss – einer Stadt irgendwo zwischen Provence und alpinem Dorf. Zum Start in der *Maison de Pays (provence-val-dazur.com)* Liköre oder Konfitüren, die meisten direkt aus dem Dorf, einkaufen und dann gut bestückt *auf der D 6202 nach Osten fahren, in Le Pont du Cians auf die D 28 in Richtung Norden abbiegen* und sofort die umwerfenden ❷ **Gorges du Cians** erblicken, die Schluchten des Flusses Cian, der im Mercantour-Nationalpark seine Quelle hat. Die spektakuläre Straße durch rote Felsen *passiert das mittelalterliche Dorf Beuil und führt ins moderne Tourismuszentrum*

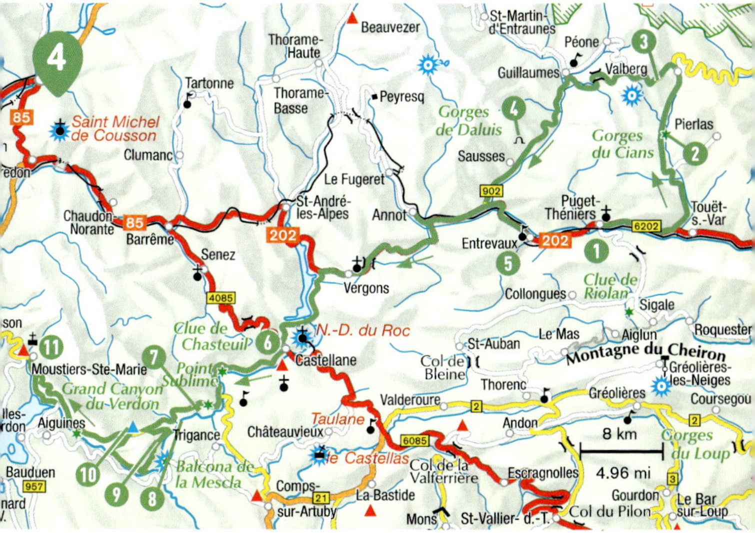

❸ Valberg, das sowohl im Sommer als auch im Winter für Sportler attraktiv ist. Nimm dort den Sessellift hinauf zur Croix du Sapet und amüsier dich beim Abseilen in den Baumwipfeln wieder hinunter zur Station (Espace Valberg Aventure) *(im Hochsommer tgl. | je nach Parcours 14–23 Euro)*. Günstigen Mittagstisch und einen Kaffee gibt's im Restaurant Les Terrasses du Soleil *(Av. Saint-Bernard | Tel. 04 93 02 60 73 | €)*.

❸ Valberg

14 km 18 min

SCHÖN DRAMATISCH

Gestärkt geht es *weiter nach* Guillaumes an den Eingang der ❹ Gorges de Daluis ➤ S. 111. Direkt am Ortsausgang liegt der tragisch-schöne Pont de la Mariée: Auf der Brücke mit Panoramablick soll sich einst ein Brautpaar in die Tiefe gestürzt haben. *Am Ausgang der Schlucht geht's wieder runter nach* ❺ Entrevaux ➤ S. 110 und zur Maison de Julie *(maison-julie.com)*, mit einem der schönsten Gästezimmer in einem typischen Haus der Region.

❹ Gorges de Daluis

19 km 20 min

❺ Entrevaux

MIT DER DAMPFLOK UNTERWEGS

Nach dem opulenten Frühstück mit Obstsäften der Region und selbst gemachter Marmelade unbedingt En-

TAG 2

42 km 50 min

6 Castellane

TAG 3

16 km 20 min

7 Gorges du Verdon

2 km 5 min

8 Belvedère du Couloir Samson

8 km 13 min

trevaux mit seiner **Zitadelle** (30-minütiger Fußmarsch) anschauen und am Wochenende im Sommer mit dem **Train des Pignes ➤ S. 111,** dem Pinienzapfenzug, fahren, der dich in alten Waggons hinter der Dampflokomotive in einer knappen Stunde nach Annot und wieder zurück bringt. Wochentags fährt auf der Strecke ein normaler Zug – auch sehr schön. *Über die D 4202 und die D 955 kommst du ins Verdon-Tal bei* **6 Castellane ➤ S. 112.** Wer genug Energie hat, steigt in einer Viertelstunde auf den 184 m hohen **Roc,** den von der Kapelle **Notre-Dame-du-Roc** gekrönten Felsen über dem Dorf. Das Abendessen und die Übernachtung in **Ma Petite Auberge** dürfen noch ein kleines Weilchen warten.

DIE NR. 1 IN SACHEN SCHLUCHT

Der nächste Tag führt tief hinein in die **7 Gorges du Verdon ➤ S. 113,** die Verdon-Schlucht. Panoramastopps gibt es viele, aber den tiefsten Blick in die Schlucht gibt es am Aussichtspunkt **8 Belvedère du Couloir Samson.** Genieß die Fahrt auf der engen Straße und versäum nicht, *kurz vor La Palud-sur-Verdon*

scharf links auf die D 23 abzubiegen und die ⑨ **Corniche des Crètes** ➤ S. 113 zu erleben mit atemberaubenden Ausblicken von der Straße auf die berühmten Kletterfelsen hoch über dem smaragdgrünen Fluss. Nach diesem Bogen landest du in ⑩ **La Palud-sur-Verdon** ➤ S. 113, der kleinen Hauptstadt der Schluchten, in deren Cafés sich die Verdon-Abenteurer treffen. *Auf dem Weg nach Moustiers-Sainte-Marie kannst du am Strand neben dem* Pont du Galetas eine Badepause am Lac de Sainte-Croix einlegen. Im wunderschönen Dorf ⑪ **Moustiers-Sainte-Marie** ➤ S. 113, das für seine Fayence-Kunst berühmt ist, findest du viele Geschäfte mit provenzalischen Spezialitäten und Kunsthandwerk sowie Restaurants wie **La Grignotière** *(Nov.–März geschl. | Rue de Sainte-Anne | Tel. 04 92 74 69 12 | €)* mit seiner schattigen Terrasse unter hundertjährigen Olivenbäumen. Verbring die Nacht vor der Rückkehr an die Küste in dem hübschen Örtchen: Das ganze Jahr über hat **Maguy Caffort** (*Tel. 04 92 74 61 59)* ihre beiden einfachen Gästezimmer neben dem ehemaligen Waschhaus von Moustiers geöffnet.

⑨ Corniche des Crètes

20 km 38 min

⑩ La Palud-sur-Verdon

31 km 40 min

⑪ Moustiers-Sainte-Marie

Der Fluss sorgte für spektakuläre Schluchten und Schleifen, Entrevaux passte sich an

GUT ZU WISSEN

DIE BASICS FÜR DEINEN URLAUB

ANKOMMEN

ANREISE

Aus Deutschland führt die schnellste Route über Karlsruhe–Freiburg–Mulhouse–Lyon–Aix-en-Provence. Mehr Zeit braucht die Strecke Basel–Genf–Grenoble und die Route Napoléon über Digne-les-Bains und Grasse an die Küste. Urlauber aus Bayern und Österreich können die Côte d'Azur auch über die Brenner-Autobahn, dann über Mailand und Genua erreichen. Auf französischen *(péage)* und italienischen Autobahnen sowie über den Brenner wird Maut erhoben; auf Schweizer Autobahnen zahlt man eine Jahresgebühr für die Vignette. Vermeide zwischen Mitte Juli und Mitte August den Samstag als Anreisetag. Dann sind kilometerlange Staus die Regel.

Zwischen Fréjus und Menton verläuft die Bahnlinie Marseille–Toulon–Genua immer entlang der Küste. Hyères ist durch eine Stichbahn mit Toulon verbunden. Die zeitlich schnellste Strecke ist jene über Paris; von dort braucht der Hochgeschwindigkeitszug TGV weniger als 3 Std. bis Marseille, ab da geht es weiter nach Toulon, Les Arcs und Saint-Raphaël bis nach Nizza. Für den TGV solltest du auf jeden Fall reservieren *(de.voyages-sncf.com/de)*. Länger dauert die Bahnfahrt über Basel, Genf und Lyon oder über Mailand, Turin und Genua. Zwischen Grasse und Cannes verkehrt der Regionalzug (TER) und verbindet das Hinterland direkt mit der Côte d'Azur bis nach Nizza.

Zentraler Flughafen ist Nice-Côte d'Azur *(nice.aeroport.fr)*, den alle großen Airlines ansteuern, auch die Billigflieger mit Direktverbindungen nach Berlin, Köln, Düsseldorf, Frankfurt/Main, Hamburg, München, Wien, Basel, Genf und Zürich.

Unterm Pont du Roc von Castellane fließt der Verdon noch ruhig dahin, bevor er wild wird

REISEZEIT

Die beste Reisezeit für die Côte d'Azur sind Frühjahr und Herbst. In der Zeit der französischen Sommerferien von Anfang Juli bis Ende August ist die Region völlig überlaufen. Die Preise vor allem für Unterkünfte sinken ab Anfang September, wenn für die Franzosen die *rentrée,* also der Alltag nach dem Sommer beginnt, die Hitze nicht mehr so drückend ist, die Wassertemperaturen aber immer noch ein Bad im Mittelmeer möglich machen. Empfehlenswert ist die Côte d'Azur vor allem an Pfingsten, wenn die Einheimischen nur ganz wenige Tage Ferien haben.

Wunderschön ist die Region im Winter, wenn im Januar die ersten Mimosenblüten ein Signal dafür sind, dass die kalte Jahreszeit ihren Schrecken verliert. Gerade in den Hochburgen der Côte wie Nizza, Cannes und Antibes liegen die Preise selbst in Vier-Sterne-Hotels im Januar zum Teil 50 % unter dem Tarif für den Rest des Jahres.

ZOLL

Innerhalb der EU dürfen Waren für den persönlichen Bedarf frei ein- und ausgeführt werden; Richtwerte hierfür sind u. a. 800 Zigaretten, 90 l Wein, 10 l Spirituosen über 22 Prozent. Für Schweizer gelten deutlich geringere Mengen. *zoll.de*

WEITER-KOMMEN

Direkt am Flughafen starten die Busse von *Phocéens Cars (Tel. 04 93 85 66 61)* mehrmals am Tag nach Le Cannet, Mandelieu, Fréjus, Le Muy, Brignoles und Marseille.

AUTO

Höchstgeschwindigkeit: Auf Autobahnen gilt 130, bei Regen 110 km/h, auf National- und Départementstraßen (N, D) 80 km/h, in Ortschaften 50 km/h. Vorsicht: Die Küstenstraßen sind in der Hauptsaison sehr stark befahren. Die Polizei kontrolliert ausgesprochen streng und verhängt hohe Geldbußen. Die Promillegrenze liegt bei 0,5. In Frankreich sind Warndreieck und gelbe Warnweste Pflichtausstattung im Auto. Empfohlen wird zudem ein Gerät für einen Alkoholtest, aber entgegen der ursprünglichen Ankündigung gibt es keine Strafe für Touristen, die das Gerät nicht mit sich führen.

Das Abschleppen *(dépanneur-remorqueur)* vermittelt entweder die Polizei oder du rufst ein Unternehmen über die Notrufsäule bzw. die Rufnummer 17. Bei einem Unfall muss die Polizei nur bei Personenschäden eingreifen. Nimm unbedingt die grüne Versicherungskarte mit.

ZUG

Im Sommer ist für die Fahrt entlang der Küste der Zug zu empfehlen – kein Stau, keine teuren Parkgebühren, keine Abgase. Gerade die Küstenstädte und Strände sind mit dem Zug gut zu erreichen, in Villefranche, Beaulieu und Èze-sur-Mer hält der Zug fast direkt am Strand. Voller Kontraste ist die Strecke zischen Nizza und Fréjus, die im städtischen Trubel startet und am Meer entlang das spektakulär bunte Esterel-Gebirge passiert. Infos, Fahrpläne und Tickets auf *ter.sncf.com/paca*

INSIDER-TIPP
Erlebnis-Schiene

BUS

Die Bergdörfer im Hinterland sind hingegen für nur 1,50 Euro (bzw. 1 Euro im Zehnerpack) pro Busticket zu erreichen. Auf den letzten Bus achten – die meisten fahren nur bis 20 Uhr. Tickets verkauft der Busfahrer. Fahrpläne und Infos hat *sudmobilite.fr.*

STRASSENBAHN

Nizza hat zwei Tramlinien: Die eine fährt in einem U von Ostnizza Richtung Zentrum und Altstadt und dann wieder nördlich zum Hauptbahnhof. Die zweite, erst 2019 fertiggestellte Linie verbindet den Hafen mit dem 7 km weiter westlich liegenden Flughafen. Ein Einzelticket kostet 1,50 Euro und gilt 74 Minuten inklusive Umsteigen in den Bus – aber nur in eine Richtung. Die Rückfahrkarte ist separat zu lösen. Tramtickets gibt's an den Haltestellenautomaten, aber nicht beim Fahrer. Unbedingt bei Ein- oder Umstieg entwerten! Die Tram fährt tagsüber alle 2–3, abends alle 5–15 Minuten.

FAHRRADVERLEIH

Mietfahrräder gibt es mittlerweile auch in Nizza. Zwar lässt das Radwegenetz noch zu wünschen übrig, aber die 1200 Räder *(velobleu.org)*, die mit der Kreditkarte an 120 Stationen in der Engelsbucht gemietet werden können, sind immerhin ein Anfang. 5 Euro kostet das Kurzabo für 7 Tage, das 30 Minuten pro Tag beinhaltet, jede weitere Stunde kostet 1 Euro. Fahrräder mit Elektromotor vermietet *Eco-Loc (7 Euro/Std., 30 Euro/Tag | Parking Wilson | am Hafen | Villefranche-sur-Mer | Tel. 06 66 92 72 41 | ecoloc06.fr).*

FESTE & EVENTS

RUND UMS JAHR

JANUAR

Zirkusfestival (Monaco): Die fürstliche Familie holt Anfang des Jahres die besten Akrobaten und Clowns unter die Zirkuskuppel am Mittelmeer. *montecarlofestival.mc*

FEBRUAR

Mimosenfest (Mandelieu-La-Napoule): Zehntägiges Volksfest rund um die gelbe Büte

Karneval (Nizza): Drei Wochen lang Blumenschlachten, Konzerte, Straßentheater

Zitronenfest (Menton)*:* Blumenschlachten, Paraden und Bälle mit Zitronen und Orangen

APRIL

Windsurf-Weltcup (Hyères)

MAI

Filmfestspiele von Cannes: Seit 1946 im Mai das internationale Treffen der Großen des Films. *festival-cannes.com*

JUNI

Grand Prix von Monaco: Formel-1-Autorennen mitten in der Stadt.

Hafenfest (Nizza). *short.travel/cot11*

JULI

Sommer-Kulturfeste (an der gesamten Côte d'Azur): Konzerte, Artistik, Klamauk und Zauberkunst gratis auf den Dorfplätzen im Hinterland. *soirees-estivales.departement06.fr*

Jazzfestival Nizza, *nicejazzfestival.fr*

AUGUST

Jasminfest (Grasse)*:* Alles dreht sich alles um die duftende Pflanze.

SEPTEMBER/OKTOBER

Monaco Yacht Show

Les Voiles de Saint-Tropez*:* Regatten im Golf von Saint-Tropez (Foto). *lesvoilesdesaint-tropez.fr*

DEZEMBER

Krippenfest (Lucéram): Das Bergdorf zeigt hunderte Krippen aus aller Welt.

IM URLAUB

AUSKUNFT

ATOUT FRANCE (FRANZÖSISCHE ZENTRALE FÜR TOURISMUS)
france.fr

AUSKUNFT REGIONAL

COMITÉ RÉGIONAL DU TOURISME RIVIERA – CÔTE D'AZUR
cotedazur-tourisme.com

COMITÉ RÉGIONAL DU TOURISME PROVENCE-ALPES – CÔTE D'AZUR
tourismepaca.fr

MAISON DES ALPES DE HAUTE-PROVENCE
alpes-haute-provence.com

VAR TOURISME
visitvar.fr

GRÜN & FAIR REISEN

Du willst beim Reisen deine CO_2-Bilanz im Hinterkopf behalten? Dann kannst du deine Emissionen kompensieren *(atmosfair.de; myclimate.org)*, deine Route umweltgerecht planen *(routerank.com)* oder auf Natur und Kultur *(gate-tourismus.de)* achten. Mehr über ökologischen Tourismus erfährst du hier: *oete.de* (europaweit); *germanwatch.org* (weltweit).

FEIERTAGE

1. Januar	Neujahr
März/April	Ostermontag
Mai	Christi Himmelfahrt
1. Mai	Tag der Arbeit
8. Mai	Kriegsende 1945
14. Juli	Nationalfeiertag in Frankreich
15. Aug.	Mariä Himmelfahrt
1. Nov.	Allerheiligen
11. Nov.	Waffenstillstand 1918
19. Nov.	Staatsfeiertag in Monaco
25. Dez.	Weihnachten

FKK

Freikörperkultur (FKK) hat in Frankreich Tradition. 1931 wurde auf der Île du Levant, einer der Goldinseln, das Naturismus-Dorf *Héliopolis* gegründet, das an allen Stränden auf Textilfreiheit setzt und höchstens auf dem Dorfplatz, am Hafen und in Restaurants Minimalbekleidung fordert. FKK hat zwar in letzter Zeit an Terrain verloren, ist aber weiter auf Campingplätzen wie *Origan Village (2160, Route du Savet | Tel. 04 93 05 06 00 | origan-village.com)* gefragt. Weitere Infos über Nudisten-Strände und Campingplätze gibt es unter *naturisme.fr* oder auf *ffn-naturisme.com* im Internet.

HAUSTIERE

In Frankreich gibt es keine Hundesteuer. Du kannst dein Haustier an die Côte d'Azur mitnehmen, wenn es mindestens drei Monate alt, gegen Tollwut geimpft ist und eine Marke trägt. Empfehlenswert ist der europäische Heimtierpass. Frag bei der Hotelreservierung auf jeden Fall, ob Hunde akzeptiert werden. Normalerweise ist ein Aufpreis fällig.

INTERNETZUGANG & WLAN
Ist kein Problem. Jedes Hotel, jedes Café und Restaurant lässt seine Gäste kostenlos surfen.

ÖFFNUNGSZEITEN
Die Geschäfte in den Innenstädten sind meist Mo–Sa 9–19 Uhr geöffnet, auch wenn manche Ladenbesitzer den Montag als Ruhetag nehmen. Dagegen sind die großen Supermärkte in den Einkaufszentren vor den Toren der Städte wie Nizza, Antibes oder Toulon, aber selbst in Vence, Grasse oder Fréjus mit ihren Tankstellen und Boutiquen Mo–Sa bis 21 oder sogar 22 Uhr offen. Viele Geschäfte an der Küste sind auch das ganze Wochenende über geöffnet. In den großen Städten verkaufen am Sonntagmorgen ohnehin viele Bäckereien, Metzgereien und Lebensmittelgeschäfte ihre Waren. Bei Restaurants aufpassen: Viele sind montags geschlossen.

POST
Briefe und Postkarten in EU-Länder kosten 1,10 Euro. Monaco gibt eigene Briefmarken heraus. Die Postämter sind meist Mo–Fr 9–12 und 14–17, Sa 9–12 Uhr geöffnet. Briefmarken bekommst du aber auch im Tabakgeschäft oder beim Kauf der Postkarte.

TELEFON
Vorwahlen für Telefonate nach Hause: Deutschland 0049, Österreich 0043, Schweiz 0041. Vorwahl nach Frankreich: 0033, die Rufnummer ohne „0" vorweg (innerhalb Frankreichs gibt es keine Vorwahl). Vorwahl Monaco: 00 377.

TRINKGELD
Du kannst dasselbe Trinkgeld *(pourboire)* geben wie zu Hause.

TRINKWASSER
Das Leitungswasser kann ohne Bedenken getrunken werden. In Restaurants ziehen viele Einheimische die *carafe d'eau* teurem Mineralwasser vor. In vielen Städten und Dörfern gibt es öffentliche Brunnen mit Trinkwasser *(eau potable)*.

WAS KOSTET WIE VIEL?

Parfum	ab 30 Euro *für einen Duft aus Grasse im 30-ml-Flakon*
Kaffee	ab 1,50 Euro *für einen Espresso*
Strandliege	20 Euro *pro Tag in Nizza*
Wein	ab 8 Euro *für eine Karaffe (0,5 l)*
Benzin	um 1,50 Euro *für 1 l Super*
Imbiss	4 Euro *für ein Käsesandwich*

ÜBERNACHTEN

CAMPING
Den regionalen Campingführer bekommst du beim entsprechenden *Comité Régional de Tourisme* oder in den Verkehrsämtern der einzelnen Orte. Den *Guide Officiel Camping Ca-*

ravaning gibt es bei der *Groupe Motor Presse France (12, Rue Rouget de Lisle | Issy-les-Moulineaux | Tel. 01 41 33 37 37)* und auf *campingfrance.com*.

Immer mehr Campingplätze legen Wert auf Umweltschutz: So sind im *Parc et Plage (28, Rue des Langoustiers | Hyères-les-Palmiers | Tel. 04 94 66 31 77 | parc-plage.com)* Autos komplett aus dem Innenbereich verbannt. Gäste werden mit Elektromobilen zum Mobilhome oder zum Stellplatz gefahren. Die Anlage mit ihren Bäumen, Blumen und Büschen wird mit Bioprodukten gepflegt.

JUGENDHERBERGEN

Für die Herbergen in Städten wie Menton, Fréjus oder auf dem Cap d'Antibes brauchst du einen internationalen Jugendherbergsausweis. Auskunft: *Deutsches Jugendherbergswerk (Bismarckstr. 8 | 32756 Detmold | Tel. 05231 74 01 0 | jugendherberge.de)*

PRIVATUNTERKUNFT

Private Gästezimmer sind eine oft preiswerte Alternative zu den Hotels an der Côte d'Azur. Gute Qualität bieten die sogenannten *chambres d'hôtes*, das französische Pendant zum englischen Bed & Breakfast, zu buchen über *Maison des Gîtes de France (gites-de-france.com)*. Die lokalen Verkehrsämter haben noch mehr Adressen für die *chambres d'hôtes*. Weitere Dachverbände für Gästezimmer in Südfrankreich sind *Fleurs de Soleil (fleursdesoleil.fr)*, *Atraveo (atraveo.de)* oder *Clévacances (clevacances.com)*.

Sehr beliebt sind in Frankreich Ferienwohnungen auf dem Land *(gîte rural)* oder für Gruppen *(grands gîtes)*, die normalerweise erst ab einer Mietzeit von einer Woche gebucht werden können. Größter französischer Anbieter für Ferienimmobilien ist *Pierre & Vacances (pierreetvacances.com)*, zu den größten deutschen Anbietern gehören *Inter-Chalet (interchalet.de)* oder *Marion Kutschank (ferienhaus.com)*. Interessante Angebote von Privatleuten finden sich unter *homelidays.com* im Internet.

ZEITUNGEN

Größte regionale Tageszeitungen sind *Nice Matin* und *Var Matin* mit guten Veranstaltungskalendern. In allen größeren Orten gibt es deutschsprachige Zeitungen und Zeitschriften. Eine Besonderheit ist die in Nizza monatlich erscheinende *Riviera-Côte-d'Azur-Zeitung (rczeitung.com)* in deutscher Sprache mit vielen praktischen Informationen.

NOTFÄLLE

DIPLOMATISCHE VERTRETUNGEN

DEUTSCHES HONORARKONSULAT

34, Av. Henri Matisse | Nice | Tel. 04 93 83 55 25

ÖSTERREICHISCHES HONORARKONSULAT

5, Rue de la Préfecture | Nice | Tel. 04 93 87 01 31

WICHTIGE HINWEISE

SCHWEIZER KONSULAT

7, Rue d'Arcole | Marseille | Tel. 04 96 10 14 10

GESUNDHEIT

Deutsche und österreichische Versicherte müssen im Krankheitsfall oder bei Unfällen zunächst für die medizinische Hilfe bezahlen, bekommen ihre Auslagen aber nach den Gesetzen des Heimatlands nach der Heimreise erstattet. Die europäische Gesundheitskarte wird von Ärzten in Frankreich allerdings (noch) nicht anerkannt, weil die französischen Kartenlesegeräte nur auf die einheimischen Plastikausweise reagieren.

NOTRUF

Europäischer Notruf: 1 12

BRANDSCHUTZ

Wegen der alljährlichen Waldbrände im Sommer gibt es drastische Vorschriften für den Brandschutz an der Côte d'Azur. Von Juli bis Mitte Sept. können gefährdete Gebiete wie der *Esterel* oder das *Massif des Maures* auch für Wanderer komplett gesperrt werden, falls starker Wind und Trockenheit die Feuergefahr erhöhen. Unter *Tel. 04 98 10 55 41* gibt es im Sommer Warnungen in französischer Sprache für das Département Var, die Internetseite *ddaf.cdig-83.org* informiert über Risikogebiete, Infos erteilen zudem die lokalen Verkehrsämter.

WETTER IN NIZZA

Hauptsaison
Nebensasion

	JAN.	FEB.	MÄRZ	APRIL	MAI	JUNI	JULI	AUG.	SEPT.	OKT.	NOV.	DEZ.
Tagestemperaturen	13°	13°	15°	17°	20°	24°	27°	27°	25°	21°	17°	13°
Nachttemperaturen	4°	5°	7°	9°	13°	16°	18°	18°	16°	12°	8°	5°
Sonnenschein Stunden/Tag	5	6	6	8	9	10	12	11	9	7	5	5
Niederschlag Tage/Monat	7	6	6	7	6	3	2	3	6	8	8	7
Wassertemperatur in °C	13	12	13	14	16	20	22	23	21	19	16	14

Sonnenschein Stunden/Tag · Niederschlag Tage/Monat · Wassertemperatur in °C

SPICKZETTEL FRANZÖSISCH

SMALLTALK

ja/nein/vielleicht	oui/non/peut-être	ui/nong/pöhtätr
bitte	s'il vous plaît	ßil wu plä
danke	merci	märßih
Gute(n) Morgen!/Tag!/ Abend!/Nacht!	Bonjour!/Bonjour!/ Bonsoir!/Bonne nuit!	bongschuhr/ bongschuhr/bongßoar/ bonn nüi
Hallo!/Tschüss!/Auf Wiedersehen!	Salut!/Salut!/Au revoir!	ßalü/ßalü/o rövoar
Ich heiße …	Je m'appelle …	schö mapäll …
Ich komme aus …	Je suis de …	schö süi dö …
Entschuldigung!	Pardon!	pardong
Wie bitte?	Comment?	kommang
Das gefällt mir (nicht).	Ça (ne) me plaît (pas).	ßa (nö) mö plä (pa)
Ich möchte …	Je voudrais …	schö wudrä
Haben Sie?	Avez-vous?	aweh wu

ZEIGEBILDER

ESSEN & TRINKEN

Die Speisekarte, bitte.	La carte, s'il vous plaît.	la kart ßil wu plä
Könnte ich bitte … haben?	Puis-je avoir … s'il vous plaît?	püischö awoar … ßil wu plä
Flasche/Karaffe/Glas	bouteille/carafe/verre	buteij/karaf/wär
Messer/Gabel/Löffel	couteau/fourchette/cuillère	kutoh/furschät/küijär
Salz/Pfeffer/Zucker	sel/poivre/sucre	ßäl/poawr/ßükr
Essig/Öl	vinaigre/huile	winägr/üil
Milch/Sahne/Zitrone	lait/crème/citron	lä/kräm/ßitrong
mit/ohne Eis/Kohlensäure	avec/sans glaçons/gaz	awäk/ßang glaßong/gaß
Vegetarier(in)	végétarien(ne)	weschetarijäng/weschetarijänn
Ich möchte zahlen, bitte.	Je voudrais payer, s'il vous plaît.	schö wudrä pejeh ßil wu plä

NÜTZLICHES

Wo ist …?/Wo sind …?	Où est …?/Où sont …?	u ä …/u ßong …
Wie viel Uhr ist es?	Quelle heure est-il?	käl ör ät il
heute/morgen/gestern	aujourd'hui/demain/hier	oschurdüi/dömäng/jähr
Wie viel kostet …?	Combien coûte …?	kombjäng kuht …
Wo finde ich einen Internetzugang/WLAN?	Où puis-je trouver un accès à internet/wi-fi?	u püische truweh äng akßä a internet/wifi
Hilfe!/Achtung!	Au secours!/Attention!	o ßökuhr/attangßjong
Fieber/Schmerzen	fièvre/douleurs	fiäwrö/dulör
Apotheke/Drogerie	pharmacie/droguerie	farmaßi/drogöri
offen/geschlossen	ouvert/fermé	uwär/färmeh
gut/schlecht	bon/mauvais	bong/mowä
links/rechts/geradeaus	à gauche/à droite/tout droit	a gohsch/a droat/tu droa
Panne/Werkstatt	panne/garage	pann/garahsch
Fahrplan/Fahrschein	horaire/billet	orär/bije
0/1/2/3/4/5/6/7/8/9/10/100/1000	zéro/un, une/deux/trois/quatre/cinq/six/sept/huit/neuf/dix/cent/mille	sero/äng, ühn/döh/troa/katr/ßänk/ßiß/ßät/üit/nöf/diß/ßang/mil

URLAUBS FEELING

ZUM EINSTIMMEN & AUSKLINGEN

LESESTOFF & FILMFUTTER

MAIGRET IN DER LIBERTY BAR

Schon Georges Simenons Kultkommissar ermittelte an der Côte d'Azur. In Antibes und Cannes soll der Pariser Kriminalist den Mord an einem reichen Australier klären. Aber das milde Klima versetzt Maigret eher in Urlaubsstimmung. (1932, neue Auflage 2019)

ÜBER DEN DÄCHERN VON NIZZA

Okay, der Film ist alt, aber eben doch immer wieder schön: In Hitchcocks Klassiker ist die Côte d'Azur der Hauptdarsteller neben Grace Kelly und Cary Grant. (1955)

MÖRDERISCHE CÔTE D'AZUR

Christine Cazon setzt in ihrem Kriminalroman einen Pariser Kommissar auf einen Mord bei den Filmfestspielen von Cannes an. (2014)

LIBRE

Ein brandaktueller Dokumentarfilm über einen Olivenbauern aus Breil-sur-Roya, der über Jahre Hunderte von Flüchtlingen bei sich aufnimmt und dafür kämpft, dass sie in Frankreich bleiben dürfen. Ein bewegendes Manifest für simple Gastfreundschaft von Regisseur Michel Toesca. (2018)

PLAYLIST QUERBEET

0:58

MADAME MONSIEUR – MERCY
Das Duo aus Vence macht engagierten Pop-Mix. *Mercy* ist einem Flüchtlingsbaby gewidmet, das auf einem Rettungsschiff im Mittelmeer geboren wurde

HYPHEN HYPHEN – NISSA LA BELLA
Die junge einheimische Pop-Gruppe interpretiert die jahrhundertealte Hymne an die Schönheit von Nizza neu

VANESSA PARADIS – CES MOTS SIMPLES
Die Sängerin mit Wohnsitz nahe der Côte trifft genau die Leichtigkeit lauer Frühlingsabende am Meer

DOMINIC MILLER – ABSINTHE
Entspannter Gitarrensound des Neu-Südfranzosen, perfekt fürs Abhängen auf der Sonnenliege

CHARLES TRENET – LA MER
Sehr alter Klassiker – ideal um Locals entrückt mitsingen zu sehen

Den Soundtrack zum Urlaub gibt's auf **Spotify** unter **MARCO POLO France**

Oder Code mit Spotify-App scannen

AB INS NETZ

NICE MATIN & VAR MATIN
Die beiden großen Tageszeitungen der Region sind mit Nachrichten, Bildern und Videos im Netz vertreten. (nicematin.com, varmatin.com)

AEROPORT NICE CÔTE D'AZUR
Alles zum Flughafen von Nizza lädst du dir mit dieser App aufs Smartphone – Ankunft- und Abflugzeiten, aktuelle Änderungen, Mietwageninfos usw.

RIVIERA ZEIT
Das deutschsprachige Riviera-Magazin mischt Ausgehtipps mit politischen und lokalen Berichten. Einmalig in der Gegend. (riviera-press.fr/zeit)

KULTURAUTAUSCH
Das deutsch-französische Kulturzentrum in Nizza bietet Konzerte, Lesungen und Diskussionen für Franzosen und Deutsche. Die Website verschafft den Überblick. (ccfa-nice.fr/de)

REBECCA-MARSHALL.COM
Die englische Fotografin Rebecca Marshall zeigt auf ihrer Webseite schönste Fotos von der Küste. Und erzählt die Story, wie es dazu kam.

TRAVEL PURSUIT

DAS MARCO POLO URLAUBSQUIZ

Weißt du, wie Côte d'Azur tickt? Teste hier dein Wissen über die kleinen Geheimnisse und Eigenheiten von Land und Leuten. Die Lösungen findest du in der Fußzeile. Und ganz ausführlich auf den S. 18–23.

❶ Wo liegt die steilste Kurve aller Formel-1-Rennen?

a) auf dem Turini-Pass im Hinterland von Monaco

b) beim Kasino von Monte-Carlo

c) an der Küstenstraße zwischen Monaco und Italien

❷ Wie heißt das Tagesgericht in französischen Bistrots?

a) la journée plate

b) le plat du jour

c) le plat du matin

❸ Welcher Kunst hatte sich die Schule von Nizza verschrieben?

a) Der altfranzösischen Dichtung

b) Der Musik

c) Der Malerei

❹ Ein Gesetz schreibt vor, dass die Küsten zugänglich bleiben sollen. Wie breit ist der Streifen, der vor Villen geschützt ist?

a) Zehn Meter

b) 50 Zentimeter

c) Drei Meter

❺ Wie heißt die Trophäe, die an filmische Meisterstücke in Cannes verliehen wird?

a) Goldene Palme

b) Silberner Bär

c) Goldener Kaktus

Lösungen: 1b, 2b, 3c, 4c, 5a, 6c, 7a, 8b, 9a, 10c, 11c, 12b

❻ Wie alt können Olivenbäume werden?
a) 50 Jahre
b) 100 Jahre
c) 1000 Jahre

❼ Wie heißt das neue Einkaufszentrum in Cagnes-sur-Mer?
a) Polygone Riviera
b) Polyglotte Riviera
c) Ponyglotte Riviera

❽ Welcher Weltbestseller spielt in Grasse?
a) Der Duft
b) Das Parfüm
c) Der Geruch

❾ Wieviel Benzin verbraucht eine Yacht auf der 20 km langen Strecke zwischen Nizza und Monaco?
a) 200 Liter
b) 25 Liter
c) 50 Liter

❿ Welche Blume steckt in vielen Parfums von der Côte d'Azur ?
a) Vergißmeinicht
b) Vanilleblüte
c) Veilchen

⓫ Wo wurde der französische Feldherr Napoleon geboren?
a) In Nizza
b) In Monaco
c) Auf Korsika

⓬ Das „schwarze Gold" – was ist damit in dieser Region gemeint?
a) Der Treibstoff für die Yachten
b) Die heimischen Oliven
c) Der Kaviar in den Strandclubs von Saint-Tropez

REGISTER

LOB ODER KRITIK? WIR FREUEN UNS AUF DEINE NACHRICHT!

Trotz gründlicher Recherche schleichen sich manchmal Fehler ein. Wir hoffen, du hast Verständnis, dass der Verlag dafür keine Haftung übernehmen kann.

MARCO POLO Redaktion • MAIRDUMONT • Postfach 31 51
73751 Ostfildern • info@marcopolo.de

Impressum
Titelbild: Carlton Hotel, Cannes (Schapowalow: S. Raccanello)
Fotos: W. Dieterich (2/3, 10); Getty Images: P. Coppee (30/31), C. Hepburn (92/93), M. Silvan (50/51); Getty Images/hemis.fr: C. Moirenc (121); huber-images: H.-P. Huber (124), J. Huber (118/119), S. Kremer (12/13, 66), D. Person (112), R. Taylor (20/21); huber-images/SIME: S. Raccanello (77); A. Joeres (147); laif: S. Braun (95), C. Heeb (132/133), M. Kirchgessner (8), R. Marshall (27), G. Standl (23), G. Theis (24/25); laif/hemis.fr (64/65), Bertolissio (80/81), M. Cavalier (Klappe außen, 6/7, 84/85, 100), F. Charton (35), Y. Dolean (135), F. Guiziou (14/15), H. Hughes (Klappe innen/1), P. Jacques (56/57), H. Lenain (104/105, 142/143), C. Moirenc (26/27, 28), P. Pierre (55), B. Rieger (32/33, 49, 99, 115), J.-D. Sudres (59, 96); laif/Le Figaro Magazine (110), C. Bitton (31), Prignet (18, 116); laif/robertharding: S. Black (46, 61), A. Hall (43); Look/Hemis (109); Look/Saga Photo (126); Look/travelstock44 (62); mauritius images/age fotostock/GFC Collection (45); mauritius images/Alamy (9, 130/131), ML Harris (144/145), J. Kellerman (89); mauritius images/Hemis.fr: N. Cegalerba (78), B. Rieger (102); mauritius images/imagebroker: S. Kuttig (72); mauritius images/John Warburton-Lee: C. Davitt (68/69); mauritius images/Kuttig-Travel- 2/Alamy (74/75); mauritius images/Photononstop: D. Thierry (11); mauritius images/Pixtal (90); mauritius images/Westend61/Daniel Waschnig Photography (38/39)

17. Auflage 2020, komplett überarbeitet und neu gestaltet

Autoren: Peter Bausch, Annika Joeres
Redaktion: Christina Sothmann
Bildredaktion: Stefanie Wiese
Kartografie: © MAIRDUMONT, Ostfildern (S. 36–37, 120, 123, 127, 129, Umschlag außen, Faltkarte); © MAIRDUMONT, Ostfildern, unter Verwendung von Kartendaten von OpenStreetMap, Lizenz CC-BY-SA 2.0 (S. 40–41, 48, 52–53, 58, 70–71, 73, 83, 86–87, 94, 106–107)
Als touristischer Verlag stellen wir bei den Karten nur den De-facto-Stand dar. Dieser kann von der völkerrechtlichen Lage abweichen und ist völlig wertungsfrei.
Gestaltung Cover, Umschlag und Faltkartencover: bilekjaeger_Kreativagentur mit Zukunftswerkstatt, Stuttgart; Gestaltung Innenlayout: Langenstein Communication GmbH, Ludwigsburg
Spickzettel: in Zusammenarbeit mit PONS GmbH, Stuttgart
Texte hintere Umschlagklappe: Lucia Rojas
Konzept Coverlines: Jutta Metzler, bessere-texte.de

Printed in China

MIX
Paper from responsible sources
FSC® C124385

MARCO POLO AUTORIN
ANNIKA JOERES
In Südfrankreich zu arbeiten erschien der Journalistin früher so realistisch wie Mondfahrerin zu werden. Aber seit sechs Jahren lebt die 39-Jährige nun mit Mann und ihren beiden Söhnen in einem kleinen Bergdorf bei Nizza. Dort ist es mittags heiß und nachts kalt, es gibt einen Bäcker, einen Bouleplatz und einen Bus ans Meer. Tagsüber pflegt Annika Joeres Texte und abends Tomaten. Geht also!

BLOSS NICHT!

FETTNÄPFCHEN UND REINFÄLLE VERMEIDEN

DEN FLIEGER VERPASSEN

Theoretisch braucht der Bus 30 Minuten von der Innenstadt bis zum Flughafen Nizza. Und der Zug 35 Minuten von Cannes nach Nizza. Theoretisch. Praktisch dauert alles v. a. zur Hauptsaison viel länger. Also lieber dreimal so viel Zeit einplanen.

DIE REGION BELEIDIGEN

Die ständig über ihr eigenes Land maulenden Franzosen täuschen: Sie sind furchtbar stolz auf ihr Frankreich. Zum Beweis machen die allermeisten Urlaub in nächster Nähe, die Küstenbewohner der Côte d'Azur fahren häufig nur ein paar Kilometer weit ins bergige Hinterland. Statt zu kritisieren lässt es sich besser mit den Einheimischen in den Schönheiten der Natur schwelgen. Macht sowieso mehr Spaß!

WILD CAMPEN

So verlockend ein schönes Plätzchen in freier Natur sein mag, um ein Zelt aufzustellen oder das Wohnmobil zu parken – französische Grundbesitzer reagieren meist sauer. Mit Bußgeld belegt wird wildes Campen in den Bergen von Esterel und Massif des Maures; ein Sicherheitsabstand von mindestens 200 m zum Wald ist überall vorgeschrieben.

IM AUGUST SAMSTAGS ANREISEN

Im August sind alle, wirklich alle Franzosen im Urlaub. Das Land ist zentralistisch und alle 60 Mio. Bürger haben auf einmal frei. Brauchst Du normalerweise von Lyon an die Côte d'Azur fünf Stunden, sind es dann garantiert zehn. Und das bei 35 Grad. Kein Spaß.

ÜBER GELD SPRECHEN

Franzosen und Französinnen sind häufig überrascht, wenn deutsche Touristen zu offen über Geld sprechen. Fragen nach dem Gehalt oder nach dem Preis für ein Auto o. ä. also lieber vermeiden. Und besser auch nicht über den Preis von Wein oder Essen lästern, denn für gute Nahrung viel Geld auszugeben, gehört in Frankreich zu einem guten Leben dazu.